世纪波
Century Wave

THE SECOND CURVE

开启职场“第二曲线”

曹宇红 陈 群 孙合龙 著

電子工業出版社
Publishing House of Electronics Industry
北京 · BEIJING

图书在版编目（CIP）数据

开启职场“第二曲线”/ 曹宇红，陈群，孙合龙著 . -- 北京 : 电子工业出版社，2020.8
ISBN 978-7-121-39251-1

Ⅰ. ①开… Ⅱ. ①曹… ②陈… ③孙… Ⅲ. ①职业选择 Ⅳ. ① C913.2

中国版本图书馆 CIP 数据核字 (2020) 第 123777 号

责任编辑：晋　晶
印　　刷：三河市鑫金马印装有限公司
装　　订：三河市鑫金马印装有限公司
出版发行：电子工业出版社
　　　　　北京市海淀区万寿路173信箱　　邮编：100036
开　　本：720×1000　1/16　印张：15　字数：240千字
版　　次：2020年8月第1版
印　　次：2020年8月第1次印刷
定　　价：65.00元

凡所购买电子工业出版社图书有缺损问题，请向购买书店调换。若书店售缺，请与本社发行部联系，联系及邮购电话：（010）88254888，88258888。
质量投诉请发邮件至zlts@phei.com.cn，盗版侵权举报请发邮件至dbqq@phei.com.cn。
本书咨询联系方式：（010）88254199，sjb@phei.com.cn。

推荐语

2020年新冠肺炎疫情期间，我“蜗居”在家两个多月，与好友陈群、孙合龙三地协作，一气呵成写完了《开启职场“第二曲线”》。写作完毕，发给一些朋友审阅，居然收到了许多真诚且热情的反馈，感恩！疫情期间，人虽未谋面，心却更近了。

“云海荡朝日，春色任天涯。”祝福每一位读者朋友在疫情结束后，都能迎来事业和人生的满园春色。

——曹宇红

读曹老师的书犹如听她说话，她总是能用优美的语句把复杂的问题娓娓道来。此书让我从繁杂中获得一份透彻心底的思考，告诉我们如何“破局”，如何找到自己人生完美的“第二曲线”。书中的每个主题都在“心动时刻”和“行动时刻”给予专业的建议，从理论到实践，我想这也是曹老师在心理学和管理学两个领域深度研究最好的结合体现。相信大家会有很多次想要开启人生“第二曲线”的“心动时刻”，让我们一起翻开此书，“行动”起来吧！

——陈昀

远传技术副总经理

我们在职场中面临的窘境和挑战其实差不多，最终结果取决于你如何应对、如何自我突破。本书既独树一帜，又清新温暖，娓娓道来一系列宝贵的社会思考和职场洞察：我们如何构建职场“护城河”，如何提升个人品牌，如何化解焦虑、拖延、抑郁等干扰情绪，如何打造“四大资本”……读完心中怡然：美好职场，百岁人生，未来可期！

——陈思旭

北京诚通聚才总经理

职场作为一个“场”，非常符合完形心理学派关于“场”的描述。更有趣的是，在这个“场”中，职业发展和心灵成长互为“图形”和“背景”。《开启职场“第二曲线”》让我们看到了二者相辅相成的图景和可能：在优质的“心理资本”的沃土滋养下，职业生涯会不断焕发活力，而在职业生涯中的持续攀升和进步，又为心灵的成长提供了契机。更重要的是，本书用生动优美的语言和丰富翔实的案例，展示了“图形”和“背景”相互转化中所产生的“创造性调整”是如何生发出来，并为二者的螺旋式上升提供动力的。总之，阅读此书，能让人收获职业和心灵的双倍加持，帮助你在事业和人生之路上策马奔腾。

——窦东徽博士

中央财经大学社会与心理学院副教授

升值、止损、复利、溢价，这些看似很“经济学”的词，正是“四大资本”的经济化视角，也是对经济化社会的心理化重构。2020 年 3 月中旬，我们在短短十天时间里见证了美股四次熔断，这是现实因素和心理因素双重叠加的结果。而人生没有熔断机制，我们所要做的就是在危机来临前，找到自己的

“第二曲线”，在这个大尺度“震荡调整”的时代，见证自己，书写自己的历史。这本书，值得细读。

——江涛

易普斯董事

本书前瞻性、系统性地提出了在当今风云变幻的商业环境中，每一位创业者、职业经理人、自由职业者需要做出的心智改变和创新突破。特别是在当前环境下，对应对企业经营环境的不确定性很有启发。

——田汉

京汉控股集团董事长

心理学是一门认知人类自身的科学。在文化、科技迅猛发展的今天，要想成为这奔腾洪流中的弄潮儿，就要以坚韧的毅力和科学的精神敢于突破旧有的藩篱，重新审视和更新自我，奔向新的未来。研究并执教心理科学多年的曹宇红老师和她的同伴们以深厚的学养和丰富的经验，在本书中为我们打开了一个极富启发性的视角，值得各位细读深思。

——纪桂萍

中国科学院心理研究所研究员、继续教育学院教务主任

三年前，我在“乐高创新思维”分享课上认识了曹老师，被她的热情、博学和探索精神深深感染，很是喜欢，就一直跟随她学习成长。今天读到《开启职场“第二曲线”》耳目一新！ 本书帮助人们进行职业规划思考，像穿一条珍珠项链一样，书中的一系列方法不仅让人豁然开朗，而且清晰可操作，

让我忍不住想马上分享给周围的朋友和同事——在职场里迷茫的人们真的太需要了！如果说在成长的奋斗之路上需要添加点什么，不妨试试“第二曲线”这串珍珠项链。感谢曹老师的引导！

——李莉

中国电信云南分公司内训师

时代的变革、科技的发展与进步从常规到飞速，互联网、人工智能的替代性发展冲击着我们传统的理念、价值观、社会发展范式与应对模式，甚至冲击着职场与家庭的人际关系模式，冲击着职业生涯发展的成就路径，许多过去有效的、成功的理念，熟悉的应对模式都需要更新与迭代。

科技与人工智能再发达，也不能完全替代人，但我们仍要有危机感，未雨绸缪，懂得什么是人的独特性与不可替代性，从而发掘和丰富自己。这本书引导我们找到应对诸多不确定性、冲击与挑战的方法，找到巩固人的独特性以及不可替代性的智慧与策略。这样的书在今天，值得我们带着时代的困惑与欣赏的好奇去品读。

——刘诚哲博士

萨维亚教育科技（上海）有限公司董事长

真希望自己早二十年读到这本书，那样我可能会少经历很多无谓的窘境、焦虑、挣扎、无力、抑郁……我的人生一定比现在更有能量。感谢宇红老师和她的同伴们在我们走到穷途时，告诉我们人生还能绘制“第二曲线”。庆幸自己在有生之年读到这本书，没有太早，也不算太晚。

——刘雪慰

《商业评论》原副主编、自由撰稿人

当下面对如此多的“不确定”，我们“确定”的是什么？先读读这本书，跟着宇红老师一起探寻。这是一本深入浅出的书，细品之后能帮读者滋养成长型思维，打开更大的空间，看到更多可能。未来，在面对也许更加繁杂的“不确定”时，我们可以“确定”的将是庆幸看过这本书！

——欧阳辰星

中南大学领导力教练

接到宇红的邀约，正是国内新冠肺炎疫情明显趋缓，但国外恐慌甚嚣尘上之时。回顾疫情带来的改变——从漠视到恐慌，从烦躁到接纳，最后归于平静。在这段时间，尤其适合思考人生。经过疫情，我从以往的过于依赖社会转变为更加独立和承担责任：我学习了简单的汽车修理，学会了给自己理发，学会了在有限的环境中与家人更好地相处。也许，这就是我人生的“第二曲线”吧。

—— 王京

环球旅讯合伙人、首席商务官

社会转型叠加技术产业变革，在这一过程中，职场人士遭遇前所未有的机遇与挑战。利用心理学、社会心理学原理能够帮助自己跟上时代、跨越发展。近几十年来，国人大多对社会科学探究不深，这本书的作者依靠深厚的心理辅导实践基础提出了中肯的建议，提供了职业发展的路径和阶梯。

——王钧

BLM 战略共创咨询专家、企业家教练、中关村人才协会执行副理事长认识宇红的时候，她还在光辉国际做猎头顾问；现如今，她已经出版了几本书，创立了自己的公司，开启职业的第二乃至第三条曲线了。没有人比她更有说服力来帮助我们成功实现自己的梦想。希望每位读者都可以从这本书中获得灵感，规划好自己职业的“第二曲线”。

——王淑红

诺和诺德（中国）制药有限公司人力资源和企业交流副总裁

宇红和同伴们的新书，一看目录，我就迫不及待地想深入进去。为什么？

第一，本书紧扣转型时代的大背景，带领读者在重新认识时代和生命的基础上重新认知职业，而不是就职业谈职业。格局决定方向！

第二，本书从心理学的专业视角出发，从心出发，从表面的情绪和情感状态走进你内心深处真正的需求，进而帮你形成属于自己的职场发展“第二曲线”。当你笃定时，你会越来越成功！

第三，作者独特而丰富的人生阅历决定了这本书的内容既来源于生活，又能够跳出个体的局限，从更开阔、更专业的视角重新审视职业。宇红具有在国企、外企、民企多年的实践经验和管理经验，她也是一位多次创业的女企业家，她还是一位妈妈，深谙“职场妈妈”在家庭、职业、个人成长、健康幸福等多方面的平衡之道。很多人在本书中都能够找到自己的影子、自己的困惑，更能够获得超越自我的启发，拥有幸福人生的钥匙。让我们一起读书、学习、交流、成长，破解职场难题，感受内心喜悦，收获人生幸福。

——王欣

北大国家发展研究院 BiMBA 商学院前副院长、CHO100 秘书长

“追寻自己的梦想，释放自己的天赋与潜能”，这正是我创业的初心和目的：让所有的小伙伴都能够发挥潜能，有机会实现人生的目标和梦想。

在十多年的创业生涯中，我发现员工面临的最大问题就是职业生涯的发展问题，无论是在二十多岁的迷茫期、三十多岁的职业转型期，还是四十多岁的职场中年危机期，大部分人很难看清楚自己，面对问题不知道该怎么办。本书针对成熟职场人，就如何达到职场的新高度、开启职场的新希望给出了专业而系统的过程梳理，案例生动、理论扎实、分析极具穿透力。在这阳光明媚的春光里，我一口气读完，非常兴奋，终于找到了帮助核心员工度过职业中年危机期的体系化方法！相信今后我能更有力地帮助伙伴们走向职业生涯的二次辉煌！书中设计的“行动时刻”非常棒——人人都可以马上实践刚学到的知识和理论，着手开启自己的“第二曲线”。

——吴爱华

中科创达联合创始人

变化永恒，重塑世界，演绎职场盛衰跌宕。变化无常，蕴藏机遇，让人惊喜，也制造困局，使人焦虑。

以变应变，化危为机，大有智慧。如何在“不确定”中把握“确定性”，充满好奇、激情与勇气，开启职场“第二曲线”，在个人价值的不断提升中实现事业的可持续发展？本书探寻的一个个“心理秘钥”给人启发。数十个职场案例浸透着胜利的喜悦、困顿的迷茫、失败的唏嘘……这些感同身受的故事，闪现着我们曾经的影子。冲出变化的围城，心动不如行动，只要开始，就不算晚。“第二曲线”是变化的哲学，品读之间触发诸多事业和人生的思考与顿悟。

——谢长庆

中国民航报社、中国民航出版社副社长

认识宇红多年，见证了她的成长及在心理学、教练技术等方面的探索。《开启职场“第二曲线”》这本书将职场发展与每个人的内心相连接，恰逢其时——我们的社会也确实到了从“为工作而工作”转为“为心动而工作”的阶段了。但愿此书能为正在寻找心动工作的每位职场人提供一些启发和帮助。

——谢奇志

启明星辰集团副总裁

坚定地以持续成长思维来规划职业发展，以自身的“确定性”来应对环境的诸多“不确定性”，是面向未来职业生涯更积极的探索和实践。本书创造性地将个人职业成长与企业“第二曲线”增长理论相结合，并融入人力资本、社会资本、心理资本及金融资本这“四大资本”的复利模式，更重点关注了如何消除拖延、焦虑、抑郁等负面心理因素的影响，透过一个个场景感十足的职业成长精彩案例，予以深入浅出的诠释，为重新定义职业发展提供了非常有益的思考角度和富于借鉴的行动路径。

——杨晓敏

天涯网前总裁

这本书真实地反映了当今社会的特点、职场人士的困惑、人们对职业发展问题的探索，当我们潜心阅读时，会有很多共鸣——“好像说的就是我呀！”作者并没有在这里止步，他们在呈现数十个真实案例的同时，还从心理学、经济学、社会学的视角对这些故事进行了解读，不仅让我们“心动”，还告诉我们该如何“行动”。运用书中的方法，我们都可以用一生的努力和修炼描绘出精彩的“第一曲线”和“第二曲线”。

——于翠霞

个人发展顾问、生涯教练

一场新冠肺炎疫情，让我们感受到了生命的脆弱。疫情波及的还有我们的职场生涯——复产复工一延再延。我们发现有些企业消失了，有些岗位可有可无，有些岗位可以用机器代替人工。正如书中所写 :“科技越来越强大，人的不可替代性越来越弱。”并发出疑问 :“组织和个体，谁更需要谁 ?”

作为个体，我们拥有人力、社会、心理、金融四大资本，在每一项资本中挑选一两点，时不时运用一下，日积月累，必将提高我们的职场“免疫力”，绘出人生曲线的光彩。书如其人，宇红本人也充满了对生活、生命的热情和睿智！

——张彬

紫光西数人力资源总监

上苍是公平的，为你的生命设置了大概的长度，又为你的人生赋予了无限的宽度和高度。开启职场“第二曲线”，职场苦乐，黄金分割。读一本好书，与宇红老师这位亦师亦友的作家结缘，无论你的职场还是人生，都会是温暖的。

——张书平

中国“兔后”、四川省青年创业促进会副会长

当今社会，人的寿命越来越长，这带来了工作年限的延长 ；与此同时，当下的年轻人愈发重视工作意义和个人价值，这进一步加剧了工作的变动性。如何从长远考虑，找到自己的事业？这本新书很好地解答了在上一份事业未及顶峰之前，如何为下一步做好布局。

——张宇婷

Tech 星球主编

身处职场中的我们，随着年龄的增长和内外部环境的变化，在某个阶段一定会对自身的职业发展产生迷茫和困惑。这本新书从心理学的视角为我们指点迷津，通过一个个精彩的真实案例启发我们认真思考，希望我们能听从内心，释放自我，积极开启我们职业生涯的“第二曲线”，活出属于我们自己生命中的那份精彩。让我们一起加油吧！

——赵启柱

华为大学高级学习项目经理

推荐序一

这是一个追逐梦想的时代

2011 年 8 月，我在阿里巴巴度过了“五年陈”纪念日。2013 年 6 月，我离开了至今仍热爱且感恩的阿里巴巴，先后加入去哪儿网和滴滴出行两家公司。而在后来的两家公司，我都在为“两年陈”的老员工过“生日”。员工留存率低、频繁跳槽已经是一种非常普遍的现象。一是因为众多的互联网创业公司活不过 C 轮甚至 A 轮的职场环境，二是因为个人越来越注重追求更好的职业发展，更努力地追求实现自身价值。而后者是导致这种现象更重要的原因。但是，中关村创业大街、望京 CBD 的“晚高峰”仍在每天 22 点左右开始，一个天使投资人的邮箱每天都被塞进成百上千个项目 BP（商业计划书），北上广深对人才的“虹吸效应”越来越强，因为这些地方仍充满着实现梦想的机会。

这是一个追逐梦想的时代。

勇闯天涯的当代职场人，已不把“稳定”作为就业的重要衡量标准，借助一个平台获得成长、绽放自我、活出精彩才是选择职业机会的内驱力。

本书从心理学的专业视角出发，帮助你在工作生活的困惑中抓住一个个“心动时刻”，成功破局。本书教你如何通过一个个“行动时刻”，形成自己的“比较优势”，塑造“个人品牌”，分享了如何构建自己的职场“三张网”，实现人力资本升值，并通过简单的五部曲开启职业生涯“第二曲线”，实现职业生涯跨越。每一个主题，都提供作者亲历或指导的学生的鲜活案例。所以，这是一本职业进阶的操作指南。

这是最好的时代，我们生逢其时！

国家的发展、社会的进步让我们每一个人都有机会为追求生命质量而活。人生的目标有多种实现方式，职场生活只是其中之一。正如第 2 章中所言，“假如随着未来科技的发展，人类不需要靠工作维持生存时，或许会更多地思考生活与生命的意义。”希望广大读者朋友借由此书实现职场阶梯的不断攀升，绽放生命的“博雅之美”“自由之光”。

杨建宏

DaDa 英语首席人力资源官

推荐序二

书读至末，我内心涌出一股暖流，全书透出博大的爱和关切，像极了愿意把一切都给予孩子的母亲——细数家珍又循循善诱，打比方、讲故事、举例子、做测试。她告诉你“是什么”以及“如何做”，告诉你创业要勇，守业要智，以及怎样勇、如何智！

她告诉你，“过去的自己”如何和“现在的自己”相处，“现在的你”如何与“未来的你”相处，如何与这个世界相处，如何在人世间留下“深深浅浅的痕迹”，我们如何调配认知，以便及时地应对我们的情绪。

她帮你一层层探寻，激发你开启职业上的“第二曲线”。你会从“第一曲线”中借鉴一些经验，获取一些资源，经历一些挫折或失败，独立生长一段时间以后，准备开启的“第二曲线”才能昂扬上行。她说人人都会犯错，但不该因此而不再有梦想。在阅读的过程中，你的心灯就这样被点亮了，她让你获知“良马非独骐骥，利剑非唯干将”。

大道至简，未来的你不是要与高手过招，与竞争对手角逐，而是要提升对自己的认知，与自己竞争。我们超越的永远都不是别人，而是自己。

我们又如何在超越中保持平衡地前行呢？

愿你静心悟到此书中的智慧，养护和彰显你的生命能量，最终与更好的自己相遇。你自由的灵魂将带着新鲜的认知继往开来，拥有美好，为人所爱。

张文俊

世纪英才外语学校董事长、“母爱式教育”倡导者和实践者

推荐序三

加入中国民航二十多年了，我初当机长之际，得益于宇红老师的慧眼和帮助，在《中国民航报》上打造了“机长视野”专栏，持续发表了大量关于飞行技术、飞行安全的文章。她是一个非常纯粹的人，热情坦诚、才华横溢、敢想善思、永立潮头。宇红老师在耕耘教育的同时著书立言，佳作不断。

我在长时间的航空安全管理实践中，发现大量飞行不安全事件源自“三违”——违规、违章、违纪，靠惯常的加重处罚和作风整治往往事倍功半，“好了伤疤忘了疼”。后来，我借助对心理学的研究，才意识到“三违”与人固有的五种心理态度（侥幸、反权威、冲动、逞能和顺从）相关性很高。因此，民航开展了大规模的“人的因素”研究和推广应用，借助数字技术和三维再现方式，将典型的不安全事件制作成一个个活生生的案例，让广大民航从业人员，尤其是飞行员们从案例教学中吸取教训。目前，中国民航的安全水平高于美国2.1倍，比世界民航平均水平高11.7倍。实践证明，深耕心理学原理，加之深度案例剖析，是一种比较有效的学习提升途径。

同样的道理，从这本书中，我们借助30把“心理秘钥”来开启和解读众多职场案例，一定能够帮助释放自己的天赋，进而跟随自己内心的声音，追寻人生梦想与生命大义。

刘清贵

中国民航飞行校验中心主任、一级飞行员、交通运输部专家委员会委员

前　言

科技，如宇宙般气象万千：5G、大数据、区块链、3D 打印、工业和家用机器人、时速 1200 公里的胶囊列车、雄心勃勃的火星登陆计划……

经济，如指数般飞速跳跃：2019 年，中国上市 500 强企业的总市值约 63.7 万亿元，同比上升 29%。2020 年 1 月，全球有 4 家公司的市值超过一万亿美元——微软、亚马逊、苹果、Alphabet（谷歌的母公司）。

本以为富足、幸福、平和、自由，应该离我们越来越近，越来越真切，然而现实却时不时沮丧地露出了另一面：焦虑、迷茫、无奈……

一些数字、趋势和预言，冷峻地印证了现实中的职场不容乐观，但同时，也激发我们对职业、对人生进行更深入的思考：

工作的稀缺性增强。2000 年后，"人口成长"以 2.4 倍的速率超越"就业成长"。不仅本科文凭不值钱，就连硕士和博士文凭也失去了以往的光环。

人类的工作机会锐减。社会学家预言，到 2030 年，我们今天一半的工作岗位都将消失。各类机器人、人工智能和应用软件，不仅将大量取代"劳动密集型"的蓝领工作，而且将大规模取代"知识密集型"的白领工作。

企业的生命周期越来越短。据美国《财富》杂志报道，美国中小企业的平均寿命不到 7 年，而在中国，中小企业的平均寿命仅为 2.5 年，到 2019 年已经下滑至 2.2 年。这个趋势是否能遏制，目前尚难预测。

人类的寿命则越来越长。百岁人生不仅不再是一个梦想，而且，对于“70后”以及更年轻的职场人而言，工作年限将越来越长。

“对大多数人而言，生活变得越来越艰难，而非越来越轻松。”查尔斯·汉迪这位年近九旬的英国管理哲学大师坦言。1996年，他针对组织和个人的发展趋势撰写了《第二曲线》，这是一本堪称颇有远见的社会哲学作品。汉迪先生敏锐地观察到：任何一条增长曲线都会滑过抛物线的顶点（增长的极限），逐渐下滑或陡然消失。持续增长的秘密在于：在“第一曲线”的优势消失之前开启一条新的S形曲线。此时，资源、时间和动力都足以支撑“第二曲线”度过最初的探索和挣扎，走向更广阔的新天地。

为何写这本书

面对如此多的“不确定”，我们“确定的”是什么？在本书中，

我们希望通过心理学的视角，去解读一些职场案例，进而探寻：

如何释放自己的天赋，实现财富与自由；

如何跟随内心的声音，追寻梦想与意义。

我在中国科学院心理研究所（简称中科院心理所）授课近十年，在“管理者的心理资本”和“EMBA”班上，尽管我主讲的是教练式领导力、创新管理，但学员们最关注、课间问得最多的却是职业生涯的问题。让我印象深刻的有三位同学：

一位不到40岁的女同学，是某跨国公司中国区的首席科学家。她听了两年的“心理资本”课程后突然发觉，自己一路打拼下来，一直都是活在别人的期待中。“我应该成为怎样的人？”慢慢地，她似乎听到了内心的声音。一天下课后，她激动地跟我说：“曹老师，我想辞职，转型研究心理学，可以从哪里开始呢？”我连忙劝慰她：“先别急着辞职，慢慢积累专业知识，随后再考虑转向哪里、如何转型。”

一位40多岁的女士，是经贸领域某机构的国家级专家，早年经常出国承

担一些国际化的研究项目。当发现婚姻和孩子教育都出了状况后，她毅然回国、辞职、转型，开始学习心理学，并开创了一家亲子教育机构。虽然艰难，但她乐在其中，不断充电，而且准备拿下“儿童心理学”的博士学位。

还有一位男同学在一家大型央企工作。前两年，他所在的分公司被另一家央企兼并重组后，作为分公司负责人的他越来越被边缘化。“其实再混十年就可以退休了，但我实在不甘心就这么混下去。”于是，他读了北大国际MBA（现为北大国家发展研究院 BiMBA 商学院），开始学习心理学，不断探寻着新的职业方向。

知识付费平台“得到”2020 年伊始开设了“怎么办”频道。在五个主题（商业、职场、教育、心理、健康）中，读者提问最踊跃、阅读量最大的主题是什么呢？——对，是职场！

不论处在职场的哪一个阶段，人们都有无数的困扰、思虑、欲望或渴望。本书将通过一些鲜活的职场案例，一个个独特的心理学视角，打开更大的空间，让人们看到更多的可能，一起滋养头脑中的“成长型思维”：问题不是问题，如何应对才是问题。

这本书有何特色

2019 年出版《创业经理人》一书后，我做了不少职业发展主题的沙龙演讲，分享如何从“职业经理人”突破，成为“创业经理人”，既拥有职业经理人的能力和素质，又具备企业家的视野和拼搏精神。在分享中，一个词语被问得最多——职业的“第二曲线”！谈到它时，一双双眼睛熠熠生辉：“如何听到内心的声音？”“如何度过迷茫期？”“何时开启第二曲线？”“如何才能成功地开启？”

最开始，“第二曲线”是一个管理学、经济学领域中的概念，但近年来，我感受到它在职业生涯中同样适用。面对各种不确定性，我们固有的职业发展模式如企业、经济和社会发展一样受到了前所未有的挑战。

“从‘第一曲线’拐点开始的增长线就是‘第二曲线’。”管理哲学大师查尔斯·汉迪教授解释道，任何一条增长的S形曲线都会滑过顶点，逐渐下滑或消失。持续增长的秘密是在第一条S形曲线的优势消失之前，开启另一条新曲线。

“不管把多少辆马车连续相加，你也绝不会得到一条铁路。”经济学家熊彼特幽默地说，他进而断言：“非连续性创新（‘第二曲线’）是经济发展的唯一因素。”

“企业最大的战略就是寻找‘第二曲线’，即‘企业新的生路’。”著名企业家张瑞敏先生极其看重“第二曲线”，将之作为企业创新的重要契机。

我们的心目中有这样一个激动人心的画面：职业的“第二曲线”是在你职业生涯的痛点或梦点那里开启的新历程。你将自主决定做什么、如何做、与谁一起协作。

在本书中，我们试着梳理：如何夯实职场“第一曲线”，如何消除“心理干扰”、打造“四大资本”，从而更有力地开启“第二曲线”。我们借助写作团队跨学科的专业优势对内容进行创新整合——

- 心理学，启发“内在动力”；
- 经济学，探寻“增长要素”；
- 社会学，拓展“生命格局”。

本书的三位作者各有特色：

曹宇红，管理学和心理学的践行者，热情而率真。

陈群博士，临床心理咨询师，温暖而真诚。

孙合龙，一位教育创业者、心理咨询师，睿智的暖男。

我们希望本书拥有“杂交水稻”般旺盛而美好的生命力！也希望每一位读者在生命的长河中，即使“人间更有风涛险”，也能“胜似闲庭信步”，并能时不时地体验到“山重水复疑无路，柳暗花明又一村”。

这本书包括哪些内容

第一篇：我们展现了当今职场典型的四大窘境，以及我们的破局思考，如何应对，需要增添哪些新的认知、能力和资源；

第二～五篇，我们引用经济学和管理学的理念，用大量的职场案例来诠释如何夯实职场“第一曲线”，开启“第二曲线”：

第二篇：升值，塑造“个人品牌”。包括提升个人影响力、增强职场“心理三要素”，以及化解人际冲突的五个视角。

第三篇：止损，告别“消极因子”。解析三大“心理困境”——拖延、焦虑和抑郁情绪的“前世今生”，以及如何“化敌为友”，从而增强生命的智慧。

第四篇：复利，打造“四大资本”。我们一起来练习五块“心理肌肉”，同时，提升人力资本、社会资本和金融资本，让自己的职场“第二曲线”厚积薄发。

第五篇：溢价，开启“第二曲线”。通过“第二曲线”五部曲，来体验穿越职场困境、走向事业新天地；通过“百岁人生”畅想曲，来感悟生命的宽度与深度。

如果您是这样的读者：

- 在职场不同阶段的奋斗者
- 在事业转型期的困惑者
- 在企业中的人力资源管理者
- 专业的职业生涯顾问、生命教练
- 以及所有对自己的生命充满好奇的探寻者……

正如莫峻所说：“少年与爱永不老去，即便披荆斩棘，丢失怒马鲜衣。”

带着好奇、激情与勇气，让我们一起开启职场的“第二曲线”吧。

备注：

①为了保护企业和个人的隐私，某些案例中的公司、主人公采用了化名。

②案例中的第一人称“我”特指本书的第一作者曹宇红。

目 录

第一篇 认知，职场窘境与破局

第 1 章 四大窘境 ／003

窘境一：个人越来越长寿，企业越来越短命 / 003

窘境二：科技越来越强大，人的“不可替代性”越来越弱 / 005

窘境三：科技和经济越来越发达，财富、教育却越来越两极分化！ / 006

窘境四：组织越来越“轻盈”，个体越来越“强大”，谁更需要谁？ / 008

第 2 章 破局之思 ／010

破局一：职场不息、升值不已 / 010

破局二：科技与人，美美与共 / 011

破局三：不平等——面对之、奋斗之 / 012

破局四：组织与个体——美好共生 / 013

参考文献 / 017

第二篇　升值，塑造“个人品牌”

第 3 章　彰显你的个人品牌 ／021

清晰“个人愿景” / 022

运用“吸引力法则” / 024

善用“光环效应” / 027

打破“刻板印象” / 029

形成“比较优势” / 032

第 4 章　大情小事 ／035

建立“安全感” / 035

提升“同理心” / 038

增强“信任感” / 041

第 5 章　解密冲突 ／044

镜像知觉 / 044

五种应对方式 / 046

非暴力沟通 / 049

“房间里的大象” / 051

树立“超级目标” / 053

参考文献 / 057

第三篇　止损，告别“消极因子”

第 6 章　甩掉拖延 ／062

拖延中的“DNA” / 062

管理期待 / 064

营造环境 / 066

从“0”到“1” / 068

第 7 章 转化焦虑 / 070

焦虑在说什么 / 072

“无力”与“动力” / 075

自我价值感 / 078

第 8 章 走出抑郁 / 081

抑郁体温表：我抑郁了吗 / 082

抑郁探测器：我为何会抑郁 / 084

身体“四部曲” / 088

重构原生家庭 / 091

裂缝中的光 / 095

参考文献 / 101

第四篇 复利，打造“四大资本”

第 9 章 人力资本：你擅长什么 / 106

走向“专业主义” / 106

挥洒“组合创新” / 110

树立“权威感” / 112

打造“稀缺性” / 114

第 10 章 社会资本：你认识谁 / 117

构建你的“三张网” / 117

“强连接”与“弱连接” / 119

获得“社会认同” / 121

善用“互惠原则” / 122

第 11 章　心理资本：你有几多能量 / 125

希望：意志与途径 / 126

自信：自我效能感 / 129

韧性：心理弹簧 / 132

乐观：开心一释 / 134

幽默：会心一笑 / 139

第 12 章　金融资本：你的财力如何 / 142

如何投资职场 / 143

断舍离的价值 / 146

犹太人的经典三问 / 148

百岁人生，喜乐还是煎熬 / 149

参考文献 / 154

第五篇　溢价，开启“第二曲线”

第 13 章　“第二曲线”五部曲 / 157

失速期：困顿与迷茫 / 160

极限点：断崖式下降 / 163

着力点：跟随“我心” / 165

振荡期：犹豫与尝试 / 168

破局点：新一轮“可持续成长” / 171

第 14 章 “百岁人生”畅想曲 ／176

从“三段人生”到“多段人生” / 178

发挥天赋与潜能，追寻梦想与自由 / 181

离开“大象”岁月，跃入“跳蚤”时刻 / 183

无悔“曾做过”，遗憾“未做过” / 186

人生四问：死亡、自由、孤独、无意义感 / 190

参考文献 / 194

致谢 ／195

后记：向上长叶，向下生根 ／197

红利一：30 把“心理秘钥”／199

红利二：经典心理学作品“图谱”／204

书单 ／205

第一季：个人成长 / 205

第二季：家庭和谐 / 206

第三季：生命如歌 / 207

第四季：人际影响 / 208

第五季：职场赋能 / 209

第一篇

认知，职场窘境与破局

人类的寿命越来越长，企业的寿命却越来越短，大多数人会在一生中面临多次职业选择。

机器人和人工智能开始和人类展开激烈竞争，我们如何发挥人类独特的价值？

在层级割裂的世界里，个人努力对于突破阶层有多大作用？

越来越轻盈的组织与越来越强大的个体，到底谁更需要谁？

即将到来的职场窘境引发破局之思！

第1章 四大窘境

窘境一：个人越来越长寿，企业越来越短命

你一辈子要换几次工作？同一个命题，不同年代的人有不同的答案。

对生于20世纪30—50年代的人来说，绝大多数人犹如一颗螺丝钉，一辈子做一份工作，基本上不怎么变动，除非“被组织调动”或“被厄运裹挟”。

对于“60后”“70后”而言，在经济改革、社会变迁、全球一体化的巨变中，“铁饭碗”越来越少，“下岗”“下海”“跳槽”时常发生，职业生涯有了更多的机遇，个人也面临着更多的惶恐和焦虑。每个人在30多年的职业生涯中转换五六次工作很平常。

对于“80后”“90后”而言，社会的不确定性越来越强，职业的安全感越来越低，即便你能力出众、经验丰富，也可能由于企业的衰落、行业的动荡黯然离开熟悉的岗位。“不是我的错，是社会变化太令人无奈”是许多职场人的心声。

未来，由于生物基因、医疗和大健康技术的发展，我们将越来越长寿。“如果你现在20岁，那么你有50%的概率活到100岁以上；如果你现在40岁，

你有 50% 的概率活到 95 岁以上；如果你现在 60 岁，你有 50% 的概率活到 90 岁以上。”在《百岁人生》一书中，两位经济学家为我们展现了一个美好的前景，也揭示了一个严峻的现实——我们的职业生涯将更长！那么，到底有多长？

有位伦敦商学院的 MBA 学员缜密思考了一番：在英国，考虑到目标养老金、储蓄收益、收入增长率等因素，恭喜你，为了享受“百岁人生”的福祉——你要工作到 84 岁！也就意味着假如你大学本科毕业，将面临 62 年的职业生涯！

令人窘迫的是，当人类的寿命越来越长时，企业的寿命却越来越短！

美国《财富》杂志研究显示，美国中小企业的平均寿命是 7 年，集团企业的寿命是 40 年，而我国中小企业的平均寿命仅有 2.5 年，集团企业的平均寿命是 7~8 年。2019 年年底，统计数字显示，由于大量“双创”企业的涌现，中国中小企业的平均寿命已经降至 2.2 年。

管理咨询公司麦肯锡曾经对 208 家公司做过 18 年的发展研究，发现只有三家连续 18 年都成绩辉煌，53% 的公司无法连续保持两年以上的好光景。

即便是一些曾经被认为“卓越”的企业，如通用汽车、达美航空、诺基亚、施乐、柯达等，也纷纷遭遇困境或破产。而近几年，钢铁、纺织、汽车、海运、传统零售、房地产等行业，则整体陷入了低迷状态，行业中的大批企业纷纷倒闭。

在过去 10 年间，英美两国的统计数据显示，其国民做每一份工作的平均时间大致未变，保持在 6 年左右。即便如此，一个人在 30 年的职业生涯中也需要转换 5 次，更何况在“百岁人生”中要奋斗 60 多年。

在过去的 20 年间，大多数中国人没有太多的职业选择：是上职业高中然后开始工作，还是冲向高考的“独木桥”；大学毕业后是留在大都市工作，还是继续考研；还是返回家乡，是奔赴海外闯一闯；是加入一家企业辛苦打拼，还是去当公务员安稳度日；是做职业经理人，还是拼搏一把，毅然创业？

在当今的中国社会中，技术、产业、经济的变革越来越多，前景越来越扑朔迷离，可以预见，大多数人将面临多次职业选择，不论你主动拥抱，还是被迫应对。

守城？你或许无城可守！

破城？何时又如何突破？

窘境二：科技越来越强大，人的“不可替代性”越来越弱

在一些试点餐厅里，机器送餐员来回穿梭，可以同时服务四五桌客人。在无人餐厅中，客人自助点餐、付费，大堂中基本见不着服务员。据统计，机器人的日均配送量为 300 盘左右，相当于两三名传菜员一天的工作量。

在机场、银行，智能机器人友好地微笑、挥手，不厌其烦地回答着顾客的各类问询。

在电信公司的呼叫中心或者电商的售后服务系统里，应答你的几乎全都是语音设备。

无人驾驶技术越来越成熟，2018 年，谷歌的自动驾驶汽车实现了商业化服务。2019 年，无人驾驶物流车开进了清华园。2020 年新冠肺炎疫情期间，京东物流的无人机在全国许多地区开展了乡村配送。

2019 年年底，著名的金融机构高盛宣布将推出机器人顾问。基于大数据、人工智能等金融科技的机器人投资模型，将从根本上替代人工交易决策机制，最终完全取代股票交易员。

今后，机器人越来越智能，功能越来越强大。“日本现代机器人之父”大阪大学教授石黑浩认为，未来，人类的所有工作都可能被机器人代替。

2019 年年底，武汉大学质量发展战略研究院发布了一项调查结果，显示在未来 5 年中，机械和机器人将会取代中国近 5% 的产业工人。而近年来企业中机器人的占比不断上升，从 2008 年的 12% 攀升至 2017 年的 37%。整个社会对机器人的需求正呈现上升态势。

李开复先生在他的著作《AI · 未来》中提醒道，人工智能时代的危机是经济阶层的形成和更高的失业率："人工智能的浪潮席卷全球经济，它们有潜力拉开更大的贫富差距，引起大范围的技术性失业。未来由技术导致的财富与阶层上的悬殊可能发展为更深的裂痕：撕裂社会结构、挑战我们的人格尊严。"

社会学家预言，到 2030 年，我们目前的一半工作都将消失。今后，不论你是从事体能类的蓝领工作，还是知识类的白领工作，都将面临与人工智能的激烈竞争。

那么，面对科技越来越强大的力量，越来越广泛的渗透力，在职场中打拼的人类将如何应对？我们该如何发挥人类独特的价值？

》 窘境三：科技和经济越来越发达，财富、教育却越来越两极分化

2014 年，法国经济学家托马斯 · 皮凯蒂的《21 世纪资本论》一书震惊了全球。书中提到，在过去 300 年间，欧美各国的投资回报率维持在每年 4%~5%，而 GDP 平均每年增长 1%~2%。因此，100 多年来，有资本的人的财富增长了 128 倍，而整体经济规模只增长了 8 倍。当资本回报率超过经济增长率时，各种形式的资本收入将高于“朝九晚五”挣来的工资收入，而工资收入正是

绝大多数人的经济来源。因此，社会分配不公导致贫富差距越来越大，皮凯蒂将这个理论称为“资本向心论”。

无独有偶，诺贝尔经济学奖得主、美国经济学家斯蒂格利茨在他的著作《不平等的代价》中，也得出了类似的结论：在美国，最富有的 1% 的人群拥有的财富超过国家财富的 1/3。世界上最富有的 85 个人拥有的财富，比世界上最贫穷的 35 亿人的财富还要多。这表明如今的社会发展似乎更趋向残酷的“马太效应”：强者越强、弱者越弱。给予富有者更多，夺走贫困者已有的。

在经济学中有一个指标叫“基尼系数”，用以衡量一个国家或地区居民的收入差距。基尼系数最大为“1”，表示财富分配绝对不平均；最小为“0”，表示财富分配绝对平均。一个国家的基尼系数如果在 0.2 以下，说明是高度平均的状态，北欧五国的基尼系数一般在 0.2 左右。如果基尼系数分别为 0.4~0.5，则说明收入分配的差距较大。2018 年，世界上几个大国的税后基尼系数为：德国 0.299，英国 0.343，美国 0.395，中国 0.469。

当财富分配越来越两极分化时，教育、创新能力也会如此吗?

我们看一看目前的现象：在优秀的中小学附近，房租越来越贵，补习班越来越密集，人们为了一纸文凭付出的成本越来越高。我家位于中关村腹地，周围有中关村一小、二小、四小、人大附中、北大附中、清华附中等优质中小学校，家长们犹如“拼命三郎”一般，不仅自己当着严格的“陪读郎”“督学”，还大把大把地花“银子”，把孩子塞进各种补习班、“占坑”班中。

虽然有人嘲笑中国的父母太焦虑、太操心，但是我们一次次看到，学习型父母抓住了稀缺的优质教育资源，让自己的下一代拥有了更多、更好的选择。在北大国际 MBA 校友群里，时不时热烈地庆祝这家儿子同时被两所美国常春藤名校录取，那家闺女去了美国芝加哥大学，家长们纷纷求经验分享、建留学群——孩子的教育总是最受关注的话题。

每天晚上八九点走在深圳的深南大道、北京的中关村，看到许多写字楼中仍然灯火辉煌，各种咖啡馆、创业孵化器中人头攒动，在这里，每个角落都散发着“智慧与资本的味道”。

未来，聪明人、创新者将越来越汇聚于大城市，深圳、北京、上海、洛杉矶、伦敦等“智慧城市”将形成更强大的“集群效应”和“虹吸效应”。创新不仅需要一个聪慧的头脑，还需要彼此激荡的创新浓度，以及在资本持续催化下的创新烈度。

眼见着财富、教育、创新都在越来越两极分化，难怪科幻作家郝景芳的小说《北京折叠》引发了众多人的共鸣和深思：在上层、中产和底层三个割裂的世界里，我居于何处？个人的努力对于突破阶层有多大成效？

》 窘境四：组织越来越“轻盈”，个体越来越“强大”，谁更需要谁？

管理哲学家查尔斯·汉迪提出了几个有趣的思考。

- “公司制的黄昏”。他开始重新思考：我们到底需不需要花大笔钱租用办公场地？我们是否需要，以及需要多少全职员工？按时间支付工资还是按项目支付工资？
- “三叶草”组织。所谓“三叶草”组织，就是由核心人员、外包人员（完成项目的独立专业人士以及小公司）和自雇工作者（包括兼职人员和临时工作人员）等三种人组成的企业，这应该是未来组织的趋势。
- “大象”与“跳蚤”。“大象”作为20世纪雇员社会的基础正在日益衰落，或不得不“重生”；而“跳蚤”要么是独立工作者，要么与人合伙，成为更高效自如的个体。技术进步使得工作可以任意组合，人才可以灵活协作，因此，“大象”将面临更多的挑战，而“跳蚤”将成为职场的主流。

目前在英国的劳动人口中，从事全职工作的只占 55%。而且，93% 的企业是微型企业，雇员不超过 5 人。2019 年，大约有 5700 万名美国人从事自由职业，约占劳动人口的 1/3，而且，这一比例将越来越高。目前，美国的 Z 一代（1995—2009 年出生）员工中有 53% 是自由职业者。

近几年，全球流行起一种新的职业生态——数字游民：人们只要有一台电脑或一部手机，就可以在任何有网络的地方惬意地工作。罗振宇也谈过一种“U 盘化”的生存状态：自带信息、不装系统、随时拔插、自由协作。这些职场人具有强大的专业能力和创新能力，潇洒地穿梭于各个组织间，我们可以统称他们为“超级个体”。

当越来越多的人才离开组织，为自己或多家企业、多个组织服务，追寻自主和独立时，组织又会发生哪些变化？

日产汽车（Nissan）的英国公司总裁伊恩·吉布森提到，日本的组织比较像“泥巴”，结构模糊，责任与功能划分得不太明确，经常处于变动状态。西方典型的组织如同“钻石”，结构清晰，角色与职责明确，但弹性适应力和反应力较弱。而中国有一大批优秀的企业“上善若水”一般，正在平台化、智能化、跨界共生。

不论是从目前的组织变革，还是从未来的组织发展来看，阿米巴模式，虚拟型组织，柔性化、平台化组织，大致的趋势都是划小经营单元、授权个人和团队，形成高效的项目协作，减少组织的控制力，激发个人的创新力和企业家精神。

那么，在未来快速的经济发展和社会变迁中，越来越轻盈的组织与越来越强大的个体，到底谁更需要谁？他们是残酷地竞争，还是美妙地共生？

第2章 破局之思

针对第 1 章提到的四大窘境，我们在本章中提出了一些破局的思路，在随后的篇章中，我们将展开更丰富的破局之策。

破局一：职场不息、升值不已

清晰地定位，形成独特的“比较优势”，不断提升安全感、同理心和信任感，在各种情境中非暴力沟通，“一致性”地解决冲突，有效地实现“超级目标”……这一系列“职场升值”的举措，能帮你在职场上建立一条相对稳固的“护城河”。一大批创业者、创业经理人早已这样践行了，需要赶紧做准备的，是那些依然待在舒适区中缺乏“危机意识”的职场人。

在我们 30 多年的职场生涯中，不仅将面临周期性的经济危机、行业危机，还会面临各种非常规性危机，例如新冠肺炎疫情、种族战争、自然灾害，等等。在 2020 年新冠肺炎疫情暴发的前 30 天内，中国产业经济损失 1.5 万亿元，受波及者不仅包括旅游、餐饮、酒店等行业的从业人员，还包括相关产业链的制造业和服务业从业人员。大量职场人面临着转型的压力，急需学习与提升。据悉，中国珠宝行业有 650 万从业人员，在 2020 年新冠肺炎疫情期间，行业协会组织 120 万人在线学习。更多的职场人则运用钉钉、腾讯会议等软件系统进行远程办公、在线学习、网络营销，等等。

当组织的生命周期越来越短时，组织也更加趋向于年轻化、轻型化。职场人不要只迷恋华丽的舞台、闪亮的光环、热烈的掌声，那些组织带给你的“浮华”或许转瞬即逝。除了正式演出的舞台外，你还要去搭建一个自己的小舞台，就像《海上钢琴师》里的主人公 1900 那般：他有时穿着燕尾服，在豪华的头等舱优雅地演奏；有时身穿夹克坐在三等舱里指尖飞舞地演奏，为狂欢的人群助兴；即便在惊涛骇浪之中，船舱摇曳不定，他也能坐在晃动的钢琴旁潇洒地弹奏，自如地享受人生。

追寻自己的梦想，释放自己的天赋与潜能，在几十年的职场上不断为自己升值。当你听从内心的声音，坚定地走在自己选择的那条道路上时，不论前路如何，只管风雨兼程，心头都是一片春光。

破局二：科技与人，美美与共

面对人工智能和机器人的竞争，我们人类的优势是什么？虽然机械性的、可重复的脑力或体力劳动将被人工智能、机器人大量取代，但是，在复杂的、创意性的工作中，在情景适应、人际交往相关的领域中，人类仍具有独特的优势，只是我们需要终身学习、持续迭代，巧妙地借助各种科技的力量。同时，我们还要发挥出人类最温柔也是最有力的一项优势——人性。

苹果公司的 CEO 蒂姆 · 库克表示，科技是为人所用，而不是让人变得固化或退步，他从另一个角度提醒道：“我并不担心机器人会像人一样思考，我担心人像机器一样思考！”

微软的 CEO 纳德拉在他的著作《刷新》中满含深情地写道：“在一个技术激流以前所未有之势颠覆现状的世界里，同理心比以往任何时候都显得更为珍贵，我们必须拥抱我们共同的人性，去创造一个充满尊重、同理心和机遇的社会。”

人类一直有两种层次的饥饿：浅层次的饥饿需要的是维持生命的东西，包括必要的商品、服务以及维持生计的收入；深层次的饥饿使人类一直在追寻生命的意义是什么，如何定义工作、生活和成功。假如随着未来科技的发展，人类不需要靠工作维持生存时，或许会更多地思考生活与生命的意义，并由此创造出人类的博雅之美、自由之光。

美国哲学家、散文家爱默生这样描述“成功”：“要多笑且经常笑；赢得聪明人的尊重与孩子们的喜爱；得到诚实评论家的欣赏，忍受酒肉朋友的背叛；欣赏美丽的事物；找出他人最好的特质；让世界变得好一点点；或者由于你活着的关系，哪怕只是知道一个人的日子过得比较轻松……这些就是成功。”

读到这段文字时，犹如清风拂面，科技发展带来的焦虑与恐惧、社会变迁引发的茫然……瞬时被吹去了不少。

人类啊，需要的不多，想要的太多。放下拖延、焦虑、抑郁……重新反思生命的四大主题：死亡、自由、孤独、无意义感，人性中的“光芒”将点燃更丰盛的“智慧”。更多相关的职场故事与感悟，请参阅第三篇《止损，告别“消极因子”》与第五篇《溢价，开启“第二曲线”》。

破局三：不平等——面对之、奋斗之

面对“不公平”“财富分化”“阶层固化”等问题，各国政府一直在做各种努力：扩大对教育和医疗的投入、加强金融监管、增加对富人的税收，但令人沮丧的现实是，穷人与富人间的差距离越来越大。在美国的知名大学中，只有 9% 的学生来自底层 50% 的人群，而高达 74% 的学生来自上层 25% 的人群。

能给我们带来一些希望的消息是：经济学家经过研究指出，关于阶层流动的比例，芬兰是 80%，英国是 70%，中国是 60% 左右，而一再宣扬“美国梦”的美国，其底层社会群体中只有 58% 的人能实现阶层流动。希望一直都有，但能否抓住机遇、创造机遇，很大程度上还是在于自己。

2019 年，中国的人均 GDP 超过 1 万美元。在这个经济阶段中，各个国家都会面临两个巨大的课题：产业转型和社会公平。一方面，国家层面在积极治理和改善，另一方面，在等待“雨露恩泽”之际，每一个职场人都要为自己更主动地思考和努力。

斯坦福大学的一个研究所提出了人们看待世界的三种心态，与马斯洛提出的“人的需求层次”有异曲同工之妙。这三种心态会在人生的不同阶段有所改变，也会始终伴随着职场“第一曲线”和“第二曲线”的起伏：

- 生存导向。非常看重安全感，包括财务安全和社会归属。
- 外在导向。追寻的是尊重与地位，以及成功人士的一切外在象征。这一类人通常很聪明、勤奋，受过良好教育而且野心勃勃。
- 内在导向。核心驱动力表现在人们的天分与信念上。这一类人不那么注重物质，关心社会伦理及人类命运，也更加看重一个人的成长和自我实现。

在随后的第四篇中，我们将沿着“四大资本”（人力资本、社会资本、心理资本和金融资本）展开，细数其中的核心点。在每一项资本中，你只要挑选一两点，时不时地运用或提升一下自己，经过几十年职场生涯的磨炼，将产生惊人的“复利效应”。

破局四：组织与个体——美好共生

查尔斯·汉迪教授指出：今后，企业将不再是其成员终身捍卫或付出忠诚的“家园”，而是一栋栋“合租公寓”，因一个个项目而达成的“联盟”，持续的时间不等。甚至连这个公寓也可以是虚拟的，大家在共同的一个品牌或者一种身份下，清晰分工、彼此协作、达成目标。

未来，组织将面临“四大挑战”：

- 如何茁壮成长，但维持小而精?
- 如何结合创新与效率?
- 如何兼顾业务成长与社会责任?
- 如何奖励创意团队、个人及股东?

未来，组织不仅是雇用者，更是资源整合者——探寻客户的需求，汇聚各方面专业人才。例如，在知识付费领域，国内几家新锐的培训机构已对传统商学院产生了巨大冲击：

- 混沌大学。汇聚全国一批优秀的管理学教授、咨询公司顾问，以及热血沸腾的创业创新者，委以“领教”之名，一起研发和制作课程，协力支持线上线下的十几万职场人。
- 湖畔大学。邀请一众创业者、企业家和管理学家，不仅提升用户的商业格局、经营技能，还通过人文方式来改善用户的“心智模式”，共创美好的商业社会。
- 得到 App。汇聚了各个专业领域中的学者和创新者，刊发系列文章、录制音频和视频课程。“得到大学”自称他们的学员有清晰的学习目标和较高的自我认知。

面对越来越灵活、跨界的组织，职场人做好准备了吗?

在 2020 年新冠肺炎疫情期间，许多职场人无法正常上班，被迫成为“数字游民”。在享受了充分的自由与闲暇后，大多数职场人的心态如何?

- “闷在家里，心里慌慌的，总想奔去办公室。”
- “没人管着，生活不规律，工作也无精打采的。”
- “总是被孩子打扰，被琐事烦心，心很难静下来。”
- “一个人太孤单了，我想去上班，即便‘996’‘连轴转’我也干！”
- “我在家里待了一个多月，心情越来越郁闷。去办公室工作了一周，一切都好了。”

毕竟，很多人要么缺乏自律，要么需要在人际关系中被滋养，要么很难把握好工作与生活的界限。成为“数字游民”乃至“超级个体”，并不是一件容易的事。

“超级个体”的生活看似美好，真正的内涵是怎样的？他们要自定义一系列工作要素：作息时间、工作节奏、出差频率、休假计划，以及行事的优先级。他们穿梭于一个个项目中，获得兼职收入或计件薪酬。看似没有某一个角色的禁锢，但其实扮演多种角色的“超级个体”需要更高的自律力、学习力、应变力，并承受更多的不确定性。此时，没有人要求你做工作计划，没有人给你分派任务，甚至没有电话会议、截止期限，等等，你需要自己决定事情的优先级，设定项目的截止日期，决定构思哪些新产品，与哪些渠道合作。

未来，组织将越来越多地打开边界，灵活地整合各种资源，达成各种目标。而个体的边界也将无限延展，与组织形成各种“共生”状态。还记得汉迪教授提到的“三叶草”组织吗——成为核心人员、外包人员或自由职业者，由你去选！

【再回首·本篇金句】

- □ 在当今的中国社会中，技术、产业、经济的变革越来越多，前景越来越扑朔迷离，可以预见，大多数人将面临多次职业选择，无论你是主动拥抱，还是被迫应对。
- □ 我们需要终身学习、持续迭代，巧妙地借助各种科技的力量。同时，我们还要发挥出人类最温柔也是最有力的一项优势——人性。
- □ 创新不仅需要一个聪慧的头脑，还需要彼此激荡的创新浓度，以及在资本持续催化下的创新烈度。
- □ 中国一大批优秀的企业“上善若水”一般，正在平台化、智能化、跨界共生。
- □ 毕竟，很多人要么缺乏自律，要么需要在人际关系中被滋养，要么很难把握好工作与生活的界限。成为“数字游民”乃至“超级个体”，并不是一件容易的事。
- □ 人类啊，需要的不多，想要的太多。放下拖延、焦虑、抑郁……重新反思生命的四大主题：死亡、自由、孤独、无意义感，人性中的“光芒”将点燃更丰盛的“智慧”。

【参考文献】

[1] 李开复．AI · 未来 [M]．杭州：浙江人民出版社，2018.

[2] 查尔斯 · 汉迪．大象与跳蚤 [M]．潘东杰，译．北京：东方出版中心，2019.

[3] 查尔斯·汉迪．非理性的时代 [M]．方海萍，等译．杭州:浙江人民出版社，2012.

[4] 托马斯 · 皮凯蒂．21 世纪资本论 [M]. 巴曙松，陈剑，等译．北京：中信出版社，2014.

[5] 约瑟夫 · 斯蒂格利茨．不平等的代价 [M]．张子源，译．北京：机械工业出版社，2013.

[6] 萨提亚 · 纳德拉．刷新 [M]．陈召强，杨洋，译．北京：中信出版社，2018.

第二篇

升值，塑造「个人品牌」

21 世纪的工作生存法则，就是建立个人品牌。

—— 汤姆·彼得斯

个人品牌是一个人的外在形象和内在涵养所传递的综合信息，也就是你在别人心中特有的印象。个人品牌是我们在工作或社交中显示出的一种价值。

第3章 彰显你的个人品牌

清晰“个人愿景”

运用“吸引力法则”

善用“光环效应”

打破“刻板印象”

形成“比较优势”

关于个人品牌，营销大师特劳特认为，你必须要认清四大问题：

其一，你是谁?

其二，你的定位是什么?

其三，请用一句话或一个简单的词来概括自己!

其四，你的事业能建立和利用你的“定位”吗?

为了让你职业的“第一曲线”更加蓬勃有力，我们运用心理学和经济学的五则原理，来助你提升个人价值，塑造独特的个人品牌。

- “个人愿景”。请在脑海里不断地描画：未来的我，未来我的生活氛围、人生意义。
- “吸引力法则”。定位好人生目标，一次不行，多次尝试，找到让自己怦然心动的方向。

- “光环效应”。在新的组织中彰显你正向的个人特质，发挥持续的影响力。
- “刻板印象”。不要轻易给他人“贴标签”，也不要受“刻板印象”的影响。
- “比较优势”。分析自己的天赋、积累的专业技能和职业素质，通过组合创新，形成比较优势。

清晰“个人愿景”

英国管理哲学大师查尔斯·汉迪在职场早期与妻子曾有一段“醒脑汤”般的对话，当时他正在壳牌公司担任管理培训师。

一天晚上，妻子问汉迪：“你以你的工作为荣吗？”

“马马虎虎啦，工作嘛。”

“你公司里的人怎么样？他们很独特吗？”

“还可以吧。”

“那公司呢，你认为壳牌石油公司是一个好组织，做的也是好事吗？”她继续追问。

“没啥好抱怨的，还过得去啦。”

听罢，妻子狠狠地瞪着汉迪，然后说：“我可不想和一个差不多先生共度余生！”

在此棒喝下，汉迪猛地一惊，第二个月，他就辞掉了在壳牌的工作，开始了自己“全然投入”、有意义的工作——演讲、写作，专注于研究个人与组织的发展趋势。

汉迪将自己从49岁开始的自由职业者生涯，戏称为离开了“大象”，成长为“跳蚤”。他在《大象与跳蚤》一书中勾勒了“跳蚤”的当下状态和未来画面：我自由了，但也孤独了……未来，“跳蚤”需要营造自己的一份归属感，勇于尝试，寻找未来的意义，并持续地自主学习和成长。

【“心动”时刻】

思考“我是谁”在社会心理学中被称为“自我概念”，不仅描绘了现在的我是什么样子，还包括未来的我会成为什么样子。因此，我们将之称为“个人愿景”——你心目中“最好的自己”。

每个人心目中都有一幅“个人愿景”，只不过有的比较模糊，而有的很清晰，例如，美国著名的脱口秀女主持人奥普拉，很早就描绘了自己的“个人愿景”：我是富有的、身材苗条的、健康而智慧的。著名作家梭罗回到家乡的瓦尔登湖，在独处中发现了自己生命的真谛：“我步入丛林，因为我希望生活得有意义，我希望活得深刻，并汲取生命中所有的精华。然后从中学习，以免让我在生命终结时却发现自己从来没有活过。”

清晰的“个人愿景”能激发潜意识的力量，但它要包含三个要素——

其一，简洁、正向的语言——“我希望越来越有创意！”

其二，有一种画面感——“每年，我们将汇聚在如瀑的葡萄藤下，分享这一年多的成长。”

其三，有炽热的情感——还记得马丁·路德·金那个激励人心的愿景吗？“我梦想有一天，在佐治亚的红山上，昔日奴隶的儿子将能够和昔日奴隶主的儿子坐在一起，共叙兄弟情谊。我梦想有一天，甚至连密西西比州这个正义匿迹、压迫成风的地方，也变成自由和正义的绿洲。我梦想有一天，我的四个孩子将在一个不是以他们的肤色，而是以他们的品格优劣来评价他们的国度里生活。”

【“行动”时刻】

请你完成下面三个句子，再闭上眼睛，轻声地念出“未来的我”，在脑海中慢慢浮现出那个美好的画面：

我是 ________________________________

我是 ________________________________

我将 ________________________________

经常在脑海里想一想“我未来的三个画面”，神奇的潜意识将吸引更多的资源和能量，一步步实现我们的梦想。写着写着，我的“个人愿景”就这么流淌出来了——

“我是智慧的。”

“我是生机勃勃的。”

“我沐浴在阳光和蓝天下，行走四方、开心助人。”

》运用“吸引力法则”

一座房子能否升值，最核心的要素是什么？

——地点、地点、地点！你一定心知肚明。

那么，一个职场人能否升值、能否成功转型，最核心的要素是什么？

——定位、定位、定位！

- 你希望成为怎样的人？
- 你希望在哪个领域深耕？

- 你希望创造怎样独特的价值?

一旦你能清晰地定位：既包括方向——你希望进入的某个领域，也包括方位——你期待服务的人群、达到的水准，随即，请你评估两点：自己的激情与执着水平。

- 如果别人都说“不可能”，你是否坚决出发，奔向梦想?
- 如果折腾了一两年还没有太大的收获，你是否能够坚持?
- 当遇到困境时，有人嘲笑你，有人劝你转舵，你是否依然前行?

有了清晰的定位，再添加“激情”和“执着”，才能最大限度地发挥“吸引力法则”，激发你的灵感，汇聚你所需要的资源，走上一条属于你的“少有人走的路”。

宋辉是一位资深的 IT 专家，在一家著名的 IT 企业兢兢业业工作了 20 多年，从一线的项目经理到销售大区经理，直至担任企业大学的校长。

“最近我想离开公司，去做点自己喜欢的事。”宋辉告诉他的朋友玉婷，“请你给参谋参谋。”

“我还以为你会在企业中一直干到退休呢。换一片天地也好，你准备去做什么？”玉婷对宋辉的“中年一跳”并不太意外。

“我想去给一些中小企业做管理咨询。这几年来，我除了给我们公司的渠道商讲课外，已经给五六家企业做了绩效改进和组织能力方面的轻咨询，效果还不错。”宋辉信心满满，“另外，我想写几本书，进一步扩大自己的品牌力，所以来请教你这位畅销书作家。”

“写书、开专栏是非常好的建立专业品牌的方式。你准备先写什么？”

宋辉列出了五六个题目，“这些都是我擅长的，你看从哪一个开始比较好？”

“目前中小企业最迫切的‘刚需’，我感觉是两个方面——绩效提升和人才培养。你先专注于绩效如何？”

“好啊，我去年给南方的两家企业做过绩效项目，每两个月去一次，讲课加咨询，效果还不错。”宋辉很有信心。

“与众多的绩效专家相比，你的独特之处是什么？”玉婷饶有兴趣地问道。

“一来，我把东方哲学与绩效结合在一起。二来，我有实战的绩效干预措施，还有行动学习和教练辅导做支撑。”

“听起来很独特，那你就专注于这个方向吧，实践和著作都聚焦于此。很期待读到你的大作！”玉婷开心地说，“记得在‘百度百科’上更新一下你的个人简介，突出个人品牌。”

“‘绩效改进顾问’或者‘绩效哲学专家’，你觉得哪个更有吸引力？”

“假如我是客户的话，会对前者比较感兴趣，对后者有些不知所云。”玉婷坦言道。“那好，就叫‘绩效实战顾问’吧！”宋辉兴奋地一拍手。

【“心动”时刻】

吸引力法则，是指把思想集中在某一领域的时候，跟这个领域相关的人、事、物就会被它吸引而来。

我们在转型时，特别要通过“定位”来优化知识结构、突出个人优势，从而达成新的职业目标。例如，你已经在一个行业工作了三五年，那么，你能否对该行业的格局、发展趋势、商业模式分享一二？你能否阐述自己独到的专业洞见以及核心优势？

说得再深远一点，你希望“未来的自己”如何与“现在的自己”相处？你希望如何与这个世界相处？你希望如何在人世间留下深深浅浅的痕迹？

当你有了清晰的定位，并开始思考、行动、反思，一次又一次地表达自己的价值主张时，你会发现一个日新月异的自己。

【“行动”时刻】

定位越清晰，吸引力法则越强大。试一试下面的三个方法吧。

其一，将自己的优势和梦想聚焦于“一个方向”。例如，我在企业咨询和管理方面有十几年经验，学习和践行了十多年心理学，又喜欢写文章、琢磨新东西。于是，我将自己的职业生涯聚焦于领导力、心理资本的授课和写作。

其二，设立一个独特的个人 IP，体现自己的特点、风格或能力。例如，“财经作家·吴晓波”温暖而睿智、“罗辑思维·罗胖”在轻松幽默中开启新思维、“手撕女王·金星”犀利且坦率……

其三，传播自己的影响力，巧妙地运用各种自媒体。例如，在微信或 QQ 群里分享你的专业思考，开公众号写文章、回答问题，在知识分享平台上做音频节目或直播。最简单的，你也可以在朋友圈里写写自己的工作感悟、学习和思考，这要远比晒美食、晒自拍有意义得多。自媒体最重要的一个读者不是别人，正是 10 年、20 年后的自己。

善用“光环效应”

有一家创业三年的“知识付费”平台，最近聘请了两位产品总监，一位是来自阿里巴巴的糖豆（花名），另一位是来自一家美国 4A 广告公司的 Wendy。

当两位新任管理者在合伙人会上亮相时，他们给创业团队留下了迥然不同的印象：胖乎乎的糖豆说话很干脆，谦虚地介绍了自己两三句后，马上提出了自己对于产品三部的核心构想。而 Wendy 则洋洋洒洒地地介绍了自己的四段职业经历、自己策划和实施的几个重要项目，说话间不时地蹦出一些英文单词，说了 20 分多钟，还是围绕着自己，跟她要负责的产品四部没怎么沾边。

会后，几个性格直率的合伙人嘟囔道：“还是阿里的人做事爽快。”“拽些英文单词，臭显摆什么呀！”“外企来的就是有点儿虚，说了不少大形势，就是没谈具体目标，下个月能有多少增量、下个季度能出几条产品线？”

这两个人的工作风格很不同：糖豆经常是一副笑呵呵的模样，跟人“自来熟”：“张哥，跟你请教个事儿。”“刘总，你再多给我几个人手吧，我们部门今晚熬夜，肯定能帮你们搞定这个新产品。”在办公室加班后，糖豆经常约一众小伙伴去吃烤串、冒菜，还在热闹吃喝时给团队鼓劲儿：“兄弟们，再辛苦 20 天，我们这条产品线就能出 3.0 了，‘绝杀’A 公司！”

而 Wendy 所在的部门呢？她一副有板有眼的外企风格，每天开项目进度会，每周开小组的产品复盘会，要求邮件必须在 12 小时内回复……开公司管理会时，大家都是五花八门的休闲打扮，只有她总是一身精致的职业装。

坦率地说，糖豆和 Wendy 两个部门的运营都不错，但合伙人们还是更喜欢糖豆，而对 Wendy 敬而远之。

【“心动”时刻】

显然，在进入一个新组织时，糖豆和 Wendy 给人们留下了不同的“光环效应”。短期看不出来差距，但时间长一些，二人在组织中的影响力差距将十分明显。

“光环效应”又称“晕轮效应”，它是一种影响人际知觉的因素。“爱屋及乌”“一白遮百丑”等都是光环效应在社会生活中的生动体现，从这些成语中可见，光环效应具有片面性、表面性的特点。

光环效应并非“第一印象”。“第一印象”是以仪容仪表、言谈举止为基础而形成的，带有较多的情绪色彩，受其影响，人们会下意识地喜欢或不喜欢与对方交往，但却不能明确地说出对方是哪类人；“光环效应”是在与对方交往了一段时间后，因了解对方的某些品质，并据此进行“故事化”的推理而产生的。人们能言之凿凿地判断出对方是“好人”还是“坏人”，或者哪一类人。因此，在人际认知上，“光环效应”要比“第一印象”更有深度，但依然掩盖不了其片面性。

【“行动”时刻】

进入一个新组织，你希望拥有怎样的“光环效应”？

首先，观察一下，组织中关键人物的着装风格、行事特点、沟通方式。

其次，规划一下，我希望树立怎样的“职业形象”或“个人品牌”。

最后，稳扎稳打，先融入团队、再亮出个人特色。

打破“刻板印象”

市场部门来了一位很新潮的“95 后”男生燕小乙，据说还是公司从另一家互联网公司挖来的。他说话声音有点“娘”，爱翘着“兰花指”，一只耳朵上居然还戴着一个银色耳钉！一开始，公司合伙人张青对小乙很不“感冒”，这个小男生……能行吗？

一个月后，张青发现，小乙在工作中很拼，每次交给他一项任务，他都能规划出清晰的完成时间节点，每天带领小组冲进展，工作中一点儿都不“娘”！小乙有很强的跳跃性思维，经常能把其他行业的点子融入当下的营销创意中。更妙的是，小乙极其热爱生活。一天下班后，他请大家去宿舍喝他煲的汤。他将食材一样一样放入铜锅中，一边慢慢地搅动着长勺，一边娓娓道来各种食材的营养成分、搭配的妙处。张青诧异地望着小乙，他身上真有一股子厨神“天人合一”的韵味。

在电影《理查德·朱维尔的哀歌》中，讲述了一个根据真实事件改编、令人颇为唏嘘的故事：在 1996 年亚特兰大奥运会期间，奥林匹克世纪公园发生了一起爆炸案，当时，事故造成两人死亡，两人重伤，110 多人轻伤。现场执勤的安保人员理查德·朱维尔不仅在第一时间发现了装有炸弹的可疑包裹，而且不顾自身的安危大声呼救，帮助近百人脱险。

媒体大力赞扬了朱维尔这位淳朴腼腆、奋不顾身的“英雄”，然而三天后，“英雄”却被多家媒体报道成了“头号嫌疑人”。

朱维尔的命运如此反转，就是被“刻板印象”所害：朱维尔是个屡次被解雇、事业一直不顺的胖子；他几次申请当警察，都未通过考试；他爱好打猎，家中储备了很多枪支；他年轻的时候曾经和朋友一起制造过炸弹；而且，他还在家里藏了一本讲述球星辛普森杀妻后如何脱罪的书……从这些蛛丝马迹中，FBI和媒体沿着“刻板印象”的思维逻辑武断地认为：“朱维尔是一个想通过爆炸案来出名的家伙。”尽管在随后的88天里，他们没有找到任何直接证据。

在《列子·说符》里也讲了一个类似的故事——疑邻盗斧：从前，有个农夫丢了一把斧子，他怀疑是被邻居家的儿子偷去了。于是他发现，这个人不管是走路的样子、脸色表情，还是言谈话语，都像是个偷斧子的。不久后，农夫在整理谷物的时候突然找到了斧子。当他再见到邻居家的儿子时，看他的言行举止，竟没有一处像是偷斧子的人了。

【“心动”时刻】

“刻板印象”（Stereotype）这个词的历史非常悠久。1922年，美国著名记者李普曼拿这个词来形容人们对某一个社会群体形成的过于简单、僵化的印象。

例如，看到黑人，我们很容易想到贫民窟；看到女司机，就觉得她们开车技术差；印象中瘦子总比胖子聪明、勤奋、靠谱（电影中的朱维尔就是一个看起来憨憨的、做事有点轴的胖子。）；在职场中，一类最普遍的“刻板印象”是女性的工作责任心、拼搏意识不如男性，尤其是有了孩子的女性。那么，当你作为一个生了孩子的女性，尤其要注意在工作中保持高效能与主动沟通，就如Facebook公司的COO桑德伯格在《向前一步》一书中提到的，女性要主动“向前一步”，亮出自己的职场能力和雄心。

“刻板印象”也有好的一面，能让人们根据经验立刻下结论，简化认知过程，节省时间和精力；但不利的一面是使人们常常忽视了个体差异，以及时间、空间变化可能带来的改变，从而导致误判。

“刻板印象”人人都会有。如果你有充分的时间，头脑非常清醒，你可能会意识到，随即会用理智来纠正自己的错误想法。但如果你任务紧迫、身心疲惫或心神不宁，你对“刻板印象”的抵抗力就会下降。更要命的是，“刻板印象”往往是在人们无意识中被自动激活的。

【“行动”时刻】

为了打破“刻板印象”的影响，我们可以尝试以下四点。

其一，坦然接纳。“刻板印象”是我们与生俱来的一种思维方式，人人都有。所以，当别人对我们也产生负面的“刻板印象”时，不必生气。

其二，主动交流。多等待一些时间，多提供一些信息，让对方更多地了解自己，从而打破别人对你的负面“刻板印象”。但也要认识到，“刻板印象”的价值就是为了降低认知成本，所以很难彻底消除 。

其三，小心修正。当遇到重大决策、被动局面时，通过坦诚沟通找到充分的证据，就能有效地修正“刻板印象”。正如胡适先生所说：“大胆假设、小心求证。”

其四，换位思考。这也有助于帮助我们消除“刻板印象”，所谓“己所不欲，勿施于人”。当对方对我们有“刻板印象”时，我们试着考虑一下对方的想法和感受。

在职场中，你对谁有“刻板印象”吗？假如有，请写下你对他的三个印象，再思考一下他在工作中具备的三个优点，或者他独特的品质。

通过这个小练习你或许会发现，自己对别人的“刻板印象”并不一定准确。

而且细想一想，每个人都有优点或者独特的品质。

》形成“比较优势”

中国的改革开放从1978年开始，在过去的40多年间，GDP年均增长率9.5%，这在全球可以说是一个奇迹！中国为何能做到？

著名经济学家林毅夫教授提出，善用“要素禀赋”、发挥“比较优势”是秘方。他在《解读中国经济》一书中提到，所谓的“要素禀赋”是指资本、劳动力和自然资源的总量。一个国家只要发挥其突出的要素禀赋，形成“比较优势”，就可以快速地提升经济竞争力。例如，中国自改革开放以来重点发展的劳动密集型产业，日本在20世纪60年代的汽车产业政策，德国在1870年的钢铁、重机产业政策，等等。

林教授继续指出，在中国现今的发展阶段，“要素禀赋结构”的特征依然是劳动力相对丰富，而资本相对稀缺和昂贵，这就决定了当前经济中最具有活力、最具备“比较优势”的仍然是劳动力相对密集的产业，或者是资金密集型产业当中劳动力相对密集的区段。

那么，回到每一位职场人，我们核心的“要素禀赋”是什么呢——天赋、人力资本和心理资本（后两者，我们将在第四篇《复利，打造“四大资本”》中详细说明），犹如一个经济体需要的三大“要素禀赋”——自然资源、劳动力和资本。

少鹏30多岁，一路的教育和工作背景都很棒：浙江大学计算机专业，毕业后供职过三家互联网公司，一直做IT经理。“我想转行，不想再做IT了。”面对MBA职业生涯导师Helena，少鹏坦言道。

“为什么想转行呢？”Helena问。

“做咨询、做金融，工作很光鲜，这岂不是读完MBA后最好的出路吗？”

少鹏说，“最近有一家投资公司找我，想让我去开辟一个大数据事业部，但好像还是脱不了 IT，我拿不定主意。”面对有挑战的新机遇，少鹏有些心动，但还是很犹豫。他有能力、有潜力，但并不清楚自己真正想要的是什么。

我在中科院心理所的“心理资本”班上认识了一位名叫邵平的男生，他每次都提前半小时来上课。要知道在冬季的周末早晨八点，如此坚持着实不易。有一天早晨我问他：“你是做什么行业的？”

“老师，我是做软件的。”

“怎么会来学心理学呢？”我很好奇。

“我从小就特别喜欢心理学，但是我爸妈说做这一行没前景，所以我就一路念了计算机专业，一直都是在软件公司工作。但是，一般周末我都去各个大学蹭课听，都是心理学方面的。”邵平呵呵笑着说。

“真的？说说你的蹭课心得。”我对他顿时有了兴趣。

“北大、清华的课程比较理论化，北师大的一些课程比较国际化，咱们中科院心理所吸纳了各个大学和咨询公司的老师，有理论也有实战，我觉得这里的课程最过瘾。”邵平如数家珍。

在讲课时，我经常能接触到邵平炯炯有神的目光。课间，总是有三五个同学围在他的身边向他借笔记。看到那一行行如代码般清晰而整洁的字迹，我不仅感慨：今后不论他的职业走向何方，心理学一定是他心中的一片绿洲。

几年后，我收到一条邵平的微信：“老师，我现在兼职帮一家心理培训公司做公众号，挣钱虽然不多，但终于离我的梦想更近了。”看来，邵平一直坚守着心理学，他的梦想正在一点点落地生根。

【“心动”时刻】

比较优势，是指主体由发挥先天的“要素禀赋”或通过后天的学习创新，形成具有较高附加值的相对优势。犹如一个经济体需要的三大“要素禀赋”——自然资源、劳动力和资本，职场人的“要素禀赋”是什么呢？——天赋、人力资本和心理资本。

- 天赋，你天生擅长什么，你有什么资质或能力。
- 人力资本，经过学习和实践，你具备的专业能力和素质。
- 心理资本，你在成长和发展过程中具有的积极心理状态，尤其是其中的两项：希望——你的意志和途径；韧性——你的复原力和创新力。

天赋、人力资本、心理资本三者汇聚在一起发挥作用，才能形成你独特的“比较优势”。在上文的案例中，少鹏和邵平相比，他的天赋和人力资本更胜一筹，但是少鹏的心理资本明显不足——他缺乏清晰的目标和内在驱动力，犹如一叶浮萍，在世人的眼光中、在各种机遇中犹豫不决。而邵平犹如一棵苍松，坚定地追寻自己的梦想，并抓住一切机会增强学识，小试身手。假以时日，两人之间的差距会越来越大。

【“行动”时刻】

开始寻找和塑造自己的“比较优势”吧。

1. 找出自己最突出的三项天赋。
2. 梳理出自己的三项核心能力。
3. 列出自己最想实现的一个目标。
4. 开始行动，一点一滴持续努力！

第4章 大情小事

建立“安全感”
提升“同理心”
增强“信任感”

在一个组织中，为了提升影响力，你可以为团队注入这三类“心理营养”：安全感、同理心和信任感。那些有影响力的领导者，在一次次苦难的历练中，能够洞悉人性的渴望，他们既能感受自己情绪的起伏，调适情绪的能量，也能体验别人的痛苦与愤怒、欢乐与骄傲。

组织中的“心理环境”对我们而言，就像鱼儿赖以生存的水，虽然渗透在大部分的日常工作中，但是我们很少能觉察到它。在本章中，我们将从安全感、同理心和信任感三个角度，洞察组织中的“大情小事”，提升你的人际影响力。

建立“安全感”

Amy是一个勤奋而开朗的女孩子。大三时，她与七八位同学一起到思腾教育公司做助教，在三周艰苦的夏令营中，她以细致、认真的工作作风赢得了所有伙伴的好评。

随后，与 Amy 共事的伙伴推荐她加入思腾。在面试中，公司创始人 Alan 觉得 Amy 的表达清晰而简洁，学习力和上进心比较强，个人价值观与公司的价值观也很匹配。只是，Alan 听到她有一两次冒出了“我不行”，和自己眼神对视时会闪躲，“这个女孩子是比较谦逊，特意放低姿态吗？”Alan 当时有些纳闷，但并未太在意。

Amy 加入思腾后，做行政和项目后勤支持。Alan 发现她经常很焦虑，有些准备工作已经做得很细致了，但她还是担心有遗漏，反复检查。特别是任务稍多或者复杂一些的时候，Alan 更能感受到 Amy 的紧张和不安，“我还能做点什么？”“可别搞砸了！”但在周围同事们看来,她其实已经做得很好了。

在公司的一次学习会上，大家分享了自己在职业上的期待和困惑，Amy 说着说着竟然痛哭起来，“我觉得自己一无是处。”随后，Alan 把 Amy 叫到办公室，让她慢慢地放松下来，问道：“Amy，告诉我，究竟发生了什么？”

一开始，Amy 的眼睛还是有些躲闪，在 Alan 的鼓励下，她终于可以直视对方了。但看着看着，眼泪又落了下来。

“看到我，你想起了谁？”做过心理咨询师的 Alan 很敏锐。

“我爸爸。”Amy 哭得更伤心了。

“如果想到和爸爸在一起的场景，你会想到什么？”

“小时候，爸爸总是骂我，说我这个不行，那个不行，总是拿我和别人比较。”Amy 边说边哭，“所以，我一直觉得自己不够好，总怕做错事，会没人要，会失业，会……”

“Amy，这一年多来，我们都能看到你做得很不错，认真细致，待人真诚。”Alan 慢慢说道，“在最近的几次学习会上，不论是你的现场表达还是工作实践都相当棒！”

慢慢地，Amy 的眼睛亮了起来，微弯的背也挺直了起来。

“或许你不知道，在当年夏令营实习的七八位助教中，你的综合评分是最高的。”Alan 笑着问道，“Amy，你现在是‘领导力项目组’的一员，自我认知是很重要的一项内容。说说吧，你觉得自己在哪些方面还不错呢？”

“我吗……”Amy 迟疑地说，“我做事不怕苦，不管多难、多烦琐的事情，我都能把它理顺。还有，我对不懂的事情愿意用心学……”在 Alan 鼓励的眼神下，Amy 的声音越来越清亮。

【“心动”时刻】

“别让别人告诉你‘你成不了才’，即使是我也不行。”在电影《当幸福来敲门》中，穷困潦倒的父亲这样告诉五六岁的儿子。

由于天生特质、原生家庭或过往的职业经历不同，每个人的安全感程度都不尽相同。但是，即使我们生来就是抑郁特质，父母曾经以“贬低”或“打击”的方式来激励我们，或者，我们曾经在职业生涯中经历过嘲讽、欺骗，甚至背叛……说到底，我们长大成人后，也要靠自己呵护心田，补充“心理营养”，一点点提升安全感。

自主创业、加入创业企业，或者开启崭新的职业“第二曲线”，高度的不确定性将引发不安全感。如何安定自己的心？如何稳定创业伙伴的心？

以“爱心”鼓励自己、欣赏他人，以勇气承担后果、重新开始，拥有终生学习的能力，获得持续精进的修为。安全感不是天生的，也不是等来的，它是在我们认识到行为或思维的偏差后，有意识地去觉察、去改变，在个人成长中慢慢提升的。

【“行动”时刻】

生活中的许多因素都会影响我们的安全感，有外部的，也有内部的——

首先，觉察一下，我在哪些方面有“不安全感”：情感、身体、工作还是人际关系？

其次，思考一下，在感到“不安全”的地方，哪些是真实的，哪些是你自己臆想的?

最后，尝试一下，我可以做些什么去增强心理能量、降低“不安全感”？

》提升“同理心”

在电影《永不妥协》中，一家小律师事务所代表200多个受害家庭去诉讼一家国际能源巨头公司。一位老律师面对几百位受害者朗声说道：“我们将代表你们去争取最大的利益，我们的诉讼费是40%的赔偿金。”此言一出，下面一片哗然，愤怒的人们斥责道，“我们受了这么多苦，为什么你们要拿走近一半？”“你们律师就是吃人不吐骨头的‘吸血鬼’！”

女主人公艾琳站起来，慢慢地说：“一开始，我也像你们一样愤愤不平，我们是受害者，他们凭什么拿走40%的赔偿金？！后来我知道，在这个漫长的诉讼过程中，如果律师事务所败了，将一分钱都拿不到，所以，我们也是孤注一掷。”听完此言，人群慢慢安静下来，一个一个签署了法律委托协议。

在电影《决战中途岛》中有一幕：在宿舍里，飞行中队长迪克催促他的搭档——机枪手哈里准备再次飞行，但对方经历了第一轮的生死搏杀，坚决不想再飞了。

迪克坚定地说：“虽然很可能这次去了，就再也回不来了，但这是我们的工作。”哈里冷漠地站着，一动不动。

迪克继续耐心地劝说：“你的余生都会记得这次战役，我们的身上背负着许多人的希望。”哈里看了伙伴一眼，面色略变，但还是没动。

最后，迪克无奈地转身走了，边走边摇头说：“刚才我们都挺过来了，别让我一个人孤零零地回去。”听到此言，哈里动容了，他站起来说：“等等，我去加热引擎。”

面对不同特质的伙伴，我们需要从不同的角度“连接”他们——责任、使命、信任、欣赏、理解……

“在任何时候都不要怨天怨地，在任何时候都不要放弃自己。要给自己爱、关怀和信心，坚信自己有智慧、有头脑、有双手，还有资格和机会。”这段温暖而有力量的话，出自一位强悍的企业家——京东创始人刘强东。在用同理心连接他人之前，最重要的，是鼓励和关爱自己。

【“心动”时刻】

有几个与同理心相关的思考很有趣——

- 你容易站在对方的角度看问题，还是更容易站在观察者的角度看问题？
- 你容易相信弱势人群的话，还是更容易相信有钱有势者的话？
- 你严于律己，宽以待人，还是对自己、对他人的要求都很高？
- 你认为同理心是天生的，还是后天学来的？

英国思想家亚当·斯密在《道德情操论》中，讲述了同理心对于经济和社会发展的重要意义：人性本身就是自私的，因为自私和欲望才有了经济的繁荣。但是人天生具有感受别人感受的能力，也就是同理心。同理心让我们能够站在其他人的角度看问题，也能站在一个公正的旁观者角度看问题。

同理心不在于我们如何说，而在于我们如何去“听”。当我们在倾听的时候，不要去分析一个人、评判一个人，而要设身处地地去理解他此刻经历了什么，他的感受是什么，对于他来说真正需要的是什么。

杰出的 CEO 杰克·韦尔奇特别强调：真正的沟通需要无数个小时眼神和眼神的交流，这意味着更多地去听，而非去说。

高管教练 Sandy 深有体会地说，我最怕听到的一句话就是：“你说的我都懂，但我就是……”没有深层的同理心，没有深入的人性连接，就产生不了触动内心的对话。犹如大雨砸在地面，瞬间流失，但地表下依然是干涸的，“我渴望与你在人性的深处相遇，我懂得你的困惑、你的痛楚”。

我们经常会有一些“习性”反应，会截断心与心的连接，使对方失去找到自己解决方法的力量。以下是国际领导力专家洛伦·阿圭勒老师总结的缺乏同理心的“习性”，例如，

提供解决方案——“你有没有试着……”

给出专业建议——“在这种情况下，你应该……”

藐视情感——“别担心，怎么这么敏感！”

调查原因——“怎么回事，怎么发生的？”

讲故事——“这让我想起当我……”

同情——“哎呀，可怜的孩子，太同情你了！”

分析——“我觉得他就是嫉妒你。”

逃避——“走，我们去喝一杯，不要想这事儿了。”

评判——“他简直是个浑蛋！”

【“行动”时刻】

同理心，是关于我们当下的状态和我们的关注点。此刻，请你觉察一下，对照上面罗列的 9 种“习性”，我经常有哪些“习性”？

我的倾听能力如何？能否听出对方的感受和真正的需要？

我需要添加什么，才能进一步提升同理心？

增强“信任感”

Jerry 从一家知名的电信公司跳槽到一家互联网公司，从项目经理被提升为项目总监。他原以为职业转型的难度并不太大：自己有扎实的管理经验，快速学习的能力也不错。然而，互联网公司的快节奏（工作强度远高于“996”）、项目管理的千头万绪、团队成员参差不齐的水平，让 Jerry 焦头烂额。

“公司太急功近利了。”“销售们答应客户的条件太不靠谱！”Jerry 时常向 Eva 抱怨不休。Eva 也是新员工，原来在一家不知名的软件公司做技术经理。

“看来电信、软件和互联网虽然都是高科技行业，但工作节奏和方式还是很不同的。”Eva 乐呵呵地分析道，“要学的东西太多了，我得赶紧适应。”

于是，刚到公司的第二周，Eva 就扎进了一个“政府智慧云”项目。她没日没夜地学习相关案例，准备一套套投标资料，几天后，跟着大客户总监出差去了海南。经过半个月的艰苦努力后，他们拿下了海南省公安系统的一个大项目。在加入公司的三个月期间，Eva 飞往外地十几次，要报销的高铁票也攒了一大摞，在辛苦的四处奔波中，她负责或参与的 4 个信息化项目进展顺利。令人惊喜的是，这个平时话不多的女孩子，在关键时刻很给力，她凭借良好的沟通能力和扎实的专业素质，在项目进程中解决了一个又一个难题，使公司与两家大客户建立了良好的长期合作关系。

而原本作为重点人才引进的 Jerry，在三个月试用期内却颇为尴尬。最初，他负责一个重要的教育云项目，但由于沟通不到位、推进速度慢，还连续出了几个差错，被客户投诉到总部。“再延长一个月试用期吧”，人力资源部通知 Jerry，希望他能尽快适应公司的快节奏和高要求。前景如何，就看未来的 30 天了！

【“心动”时刻】

因相信而敢于托付，这就是信任，也是信任感的基础。在《信任的速度》

一书中，作者史蒂芬·柯维用一棵苹果树比喻了信任的核心要素：

- 树的根基是“诚信”，你认为自己的人品如何？
- 树干是“动机”，你是只想着利己，还是利他？或者秉持着“双赢思维”？
- 树枝是“能力”，包括你的天赋、态度、技能、知识、工作方式等。
- 树上的果实是“成果”，包括你之前的业界口碑，以及当下取得的成绩。

作为职场人，我们进入一家新企业时要如何赢得信任？假设我们已经具备了诚信的人品、良好的职业道德，还需要从以下三方面增强“信任”要素。

其一，动机。你加入一家企业，是准备和伙伴们一起奋斗、同甘共苦，还是准备积累一段资历，借势换个行业“华丽转身”？

其二，能力。在成熟企业中练就的本事，在创业企业中能发挥多大效能？在以往行业中的经验，能否在新组织中驾轻就熟？除了自己的学习能力和适应能力，还要依赖诸多因素，例如，下属的职业素质、团队的协作精神、老板的充分授权、组织的运营效率等。

其三，成果。或许我们在过往的职业生涯中获得了一定成就，有了一些口碑。但是，在别家土壤中结的果子，在这片新土地里是否也能长出来？未必。需要你再一次拿出成果证明自己。

此外，巧妙地承认一些小缺陷，也会让你更容易被信任。例如，我以前在咨询公司时，曾经在新客户面前坦言：“我们光辉国际在中国6年了，对高科技和金融行业的客户非常熟悉；但是在医药行业，目前在大陆的咨询项目还有限。”既专业又坦诚，就更容易让对方信服。

在上面的案例中，不起眼的Eva秉持“全力以赴”的精神，快速学习新技能、适应新环境，获得了客户和同事的高度认可。而带着光环的Jerry在转型中抱怨多多、业绩寥寥，前景自然就不那么美妙了。

【“行动”时刻】

假如，你在职场或者合作中遇到了困境，试着从以下三个方面改变一下。

首先，表明动机：与利益相关方沟通，我不只是“利己”，而是希望“共赢”。

其次，提升能力：参照一下对方或任务的要求，快速学习、提升专业能力。

最后，拿出成果：在短期内取得一个小成果，或者达到一个阶段性目标，都会让对方增强对你的信任，从而给予你更多的时间或机会。“不积跬步，无以至千里”，信任，要靠一点一滴的成果来获得。

第5章 解密冲突

镜像知觉

五种应对方式

非暴力沟通

“房间里的大象”

树立“超级目标”

镜像知觉

新上任的运营副总裁 Tina 与市场部总监 Helen 发生了强烈的冲突。Tina 认为，市场部工作效能低、成本高，因此，她上任不久就开始要求市场部削减预算、大力裁员。而 Helen 认为新上司还不太了解情况，不建议贸然变革，伤害一线团队的士气。两人反复沟通、一再争执，谁都说服不了对方。

年底绩效考评，一向得“优秀”的 Helen 得了一个“中等”，Tina 给她的评语是“此管理者缺乏变革意识和创新思维，很难适应公司的新形势。”而 CEO 的邮箱里也收到了 Helen 投诉 Tina 的邮件，“她还没有完全熟悉公司的整体战略和一线业务，就武断决策，听不进任何意见，伤害了许多骨干员工的积极性。”

三个月后，两位管理者越来越怒目相对，很多重要工作都没法开展。不得已，CEO 请教练 Thomas 出面，试图调解两人的矛盾。

在一家酒店的咖啡厅里，教练 Thomas 拿着 Helen 的评估报告问道："Helen，发生了什么事，能跟我说一说吗？"

压抑了许久，终于有一个人愿意倾听自己，Helen 痛痛快快地哭了十多分钟，委屈地说："我觉得好憋屈，为什么上司如此嫉贤妒能？为什么有这些……"

等 Helen 慢慢平静下来，Thomas 温和地看着她，轻声问道："Helen，什么对你最重要？你在这家公司这么久了，到底希望获得什么？"

蓦然间，Helen 昏暗的生活中好像照进来一束光，"受害者"的悲戚慢慢散开，"对呀，我在这里奋斗了七八年，不就是希望有朝一日能开创自己的文化传媒事业吗？"Helen 的脑子清晰了起来，"美好、自由、创意，这些才是我要追求的。"

随后，两人又沟通了一个多小时后，Helen 明晰了自己下一阶段的目标，也冷静了下来，一方面反思自己的言行，另一方面，从另一个角度去看待 Tina，"也不全是她的错。"Helen 平静地告诉 Thomas。

【"心动"时刻】

镜像知觉（Mirror-image Perception）是一种人际偏见。当双方觉察到冲突时，至少有一方对另一方存在误解，随即，误解在两人间不断地自我证实，进入恶性循环。

如何打破"镜像知觉"呢？我们先看一个故事。

一日，苏轼与妹妹、好友佛印泛舟湖上。苏轼披上佛印的袈裟，问道："佛印，你看我像什么？""像佛。"苏轼闻之甚喜，朗声大笑。

佛印转而问苏轼："那你看我像什么？"

苏轼目不转睛地看了一会儿，正色说道："像一坨狗屎。"

听罢，佛印微笑不语，苏轼大笑不已。

一旁的苏小妹无奈地说道：“哥哥，你这下可输惨了！”

苏轼不解——佛印看我像佛，我看佛印像狗屎，明明是我赢了，便问：“小妹，此话怎讲啊？”

苏小妹娓娓道来：“佛语有云：相由心生，心中有何物就看到何物。佛印心中有佛，所以看你是佛；而你心中有污秽，看到的自然就是狗屎。”听罢，三人相视大笑。

你心镜中的是什么——“佛”还是“狗屎”，决定了你如何看待他人。

给你的心镜换一个画面，对面的人会不同，你们之间的关系也将不同。

【“行动”时刻】

当我们与人发生冲突时，为了防止“镜像知觉”的伤害：

其一，觉察一下，对方的哪些话语和言行激发了我的反感？

其二，转化一下，除了当下的判断外，还有什么其他可能？一般而言，冲突中的各方满心都是“负面观点”或“灾难化结果”。试着平静一下，添加一两个积极或开放的视角。

其三，主动沟通，不在有情绪时，而在一个相对平静的氛围中，说明彼此的想法和感受，尝试放下“我的 ××”，争取达成“我们的 ××”。

五种应对方式

天华是一个典型的 D 型特质管理者（注：在 DISC 人际沟通模型中，D 是控制型），非常关注目标，雷厉风行。在项目管理中一旦发现差错或问题，天华要么严厉地指责对方，要么勒令其尽快改进。很多伙伴觉得天华不近人情，因而有意无意地疏远他，一般都不愿意进他的项目组。

天华主持一个大项目的复盘会。为了控制会议的效率，他拿来一个沙漏，要求每人发言四分钟。沙漏时间一到，他就毫不留情地打断对方 :“好，就到这里，请下一位伙伴说说。”轮到他时，他拿出一个小本，逐一数落每个人的问题 :“Jason，你这个环节没做到位 ；孙娜，那个活动是要求十分钟之内就完成的，为什么拖了二十几分钟……”一个小时的复盘会下来，小伙伴们都低着头，有时天华问大家“有什么新的想法”，现场一片沉默。

会后，公司副总田宇拉着天华聊天 :“天华，你的目标感和执行力很好，所以你负责的项目大多做得不错。而且，你在‘进取’和‘专业’——公司提倡的价值观上，也给小伙伴们树立了不错的榜样。”他笑着继续说，“就是你们的复盘会太沉闷了。你呢，除了指出大家的不足，给出建议，也可以欣赏和感谢一下小伙伴，撒些‘阳光雨露’嘛！”

“我说呢,大家怎么那么闷？”天华笑着挠挠头,“我一着急,说话就比较冲。看来今后要改改了。”

在随后的半个月里，田宇又和天华沟通过两三次。每次，田宇都是先肯定天华的优点和创意，然后问他 :“在团队协作上，你还可以添加些什么？”他让天华多看到人与人的不同，发现每个人的优势和不足，并耐心地讲解如何达成“一致性沟通”:“在沟通时，先看到自己的情绪，处理好自己的情绪，再关注对方。在沟通中，不指责、不抱怨，清晰表达自己的感受和想法，提出具体而正向的请求。”

两个月后，天华的改变很喜人，他的发言和以往明显不同，少了急躁的情绪，多了耐心而温暖的能量。在对伙伴的欣赏和肯定上，在日常的情感连接上，他也越来越自如。而天华的项目团队呢，除了一如既往地高效之外，还有了更多的欢声笑语。

【“心动”时刻】

人们在压力下会自动地出现四种应对方式：指责、讨好、超理智和打岔。一般来说，在一个沟通的场景当中，会包含自我、他人、情境三要素，以上的四种应对方式在某一方面都有缺失。

在压力下习惯“讨好”的人常常忽视自我，只考虑他人和情境。他们的内心往往浮现出“这都是我的错”“只要你高兴就好”之类的声音，因而常常压抑自己的想法，感到悲伤、无助、缺乏自信。

在压力下经常“指责”的人常常忽视他人，只在意自己的想法、需要，或者组织的目标。因而，他们显得强势、冷酷，容易被人孤立。但在内心深处，他们也觉得孤独、无奈。

习惯“超理智”的人常常既忽视自己，也忽视他人，满脑子想的都是目标、方法、最佳的逻辑，等等。因此，经常“超理智”的人也被戏称为“电脑人”，缺少人情味儿。

而习惯“打岔”的人，在压力下内心惶恐、不知所措，经常忽视身边的人和事，思绪飘到了其他地方。

有了自我觉察后，我们就容易添加“缺失的”那部分，慢慢地达到“一致性沟通”——从而更自如地生活，更有效地影响他人。

【“行动”时刻】

觉察一二：我经常容易忽视什么？有意识地添加这个“缺失的”要素。

接纳自己：我的应对方式沿袭了多年，很难一次性改正，慢慢练习吧。

反思一下：在最近的压力或冲突下，我的应对方式有什么改变吗？

多觉察自己的应对方式，多试试“一致性沟通”，会享有更平静的生活。

非暴力沟通

“老齐就是打压我，‘上药’那个项目我做了一个多月，在周一的项目会议里我提出不同意见，他居然把我赶出去了！”慧文向她的教练 Michael 抱怨。

“作为新顾问，有的人做了两个月的冷板凳，有的人只是打打杂，而你一开始就参与了这个重要的项目，蛮幸运的。”Michael 坦率地说，“我看到你在那个项目里做得还不错，经常请教他人，主动多做事。”

慧文愤怒的神色平静了下来，“我拼死拼活已经努力做到最好了，但老齐还是不满意。”

Michael 点点头，“看得出来你很沮丧，也有些生气。老齐在公司一向以严格著称，脾气比较暴躁，所以，我们都是请他去磨炼最有潜力的新顾问，不光磨炼技能，还能提升逆商。”他接着说：“慧文，我相信你在之前工作过的企业里一直是蛮优秀的，只是转行到咨询领域还是刚起步。如果你能耐心一点，多听听老齐的建议，或许能成长得更快。”

“他伤了我的自尊！”慧文气哼哼地说。

“你知道长颈鹿吗？”Michael 莫名其妙地岔开了话题，“它能用厚厚的舌头把吃进去的叶子里的刺挑出来，然后慢慢咀嚼，吸收叶子里的营养。所以，有一种沟通方式叫‘非暴力沟通’，也叫‘鹿之语’，有空你去看一看吧。心平气和地去找老齐沟通一下，他还是蛮认可你的。”

【“心动”时刻】

在家庭和工作中，我们受过语言暴力的伤，也有意或无意间用它伤害过别人。

在语言暴力中，人们发泄了情绪，道出了想法，却无法表达内心真正的需要：关爱、认可、尊重、理解，以及价值感。

“他就是个暴君，根本听不得别人的意见！”

“他听了我的不同意见后，让我离开会议室，我觉得很委屈，也很气愤，我希望有一个平等交流的机会。”

第一句只是表达了一种强烈的情绪、一个评价；而第二句话不仅表达了自己的感受，还有内心的需要，因而更有利于化解冲突、达成共识。

听到不中听的话，你该怎么办？马歇尔·卢森堡博士描述了四种选择：

第一，责备自己。

第二，指责对方。

第三，体会自己的感受和需要。

第四，体会他人的感受和需要。

这四种选择代表了我们成长的三个阶段。

第一阶段，情感的奴隶。我们责备自己，认为自己有义务使他人快乐。

第二阶段，面目可憎。我们咄咄逼人地指责他人，拒绝考虑他人的感受和需要。

第三阶段，生活的主人。我们洞察自己和他人的感受和需要，为自己的需要负责任，但不会牺牲他人利益来满足自己的需要。

【“行动”时刻】

马歇尔·卢森堡博士在《非暴力沟通》一书中提出了非暴力沟通的四部曲。

观察。观察发生的事情，客观描述事情本身。不做评判，不贴标签，不用绝对性、夸大性词语。

感受。用具体的、清晰的词汇准确表达自己的感受。“我觉得很难过……”

“看了你昨天提交的报告，我有些失望……”

需要。表达内心的需要，需要是感受的根源，是人性深处的渴望，例如信任、关爱、认可、理解，或者存在的价值。“我刚才那么生气，是希望你理解我，在过去两周里，我为这个项目付出了很多。”

请求。提出自己的具体请求，不使用模糊、笼统的语言，不要让对方猜测。“我希望你的报告中包括最近半年的新数据。”“我希望在会议中，大家先提出不同的想法，再商议一个最有效的办法。”

“房间里的大象”

什么是“房间里的大象”？就是那些“我们知道，但是我们清楚地知道自己不该知道”的事，是指那些触目惊心地存在却被有意识地忽略甚至否定的事实或感受。

在电视剧《精英律师》中有这么一个片段，创始人之一的封印有一次深夜醉酒，在一个陌生女子家留宿，后来遭此女子举报“性骚扰”。封印多年来形成的个人品牌——正直果敢的著名律师、洁身自好的老公形象，瞬间被蒙上了阴影。下属们不敢明里说，但是，茶水间里的窃窃私语、那些闪烁不定或充满狐疑的眼神，使整个律所都被这个“潜伏的事实”所笼罩——封老大出事了！在公众媒体上，封印创立的律所品牌也蒙上了灰暗的色彩。

终于，还是那个冷硬的“毒舌律师”罗槟出手了，他先是追到躲躲闪闪、不知所措的封印——自己的老板面前，坦诚地询问：“我不相信你是这样的人！告诉我，那天晚上到底发生了什么？”随后，他们一遍遍地查询线索，锁定嫌疑人，当面质询“暧昧的细节”，最终证实了所谓的“性骚扰”只不过是办公室政治的一个恶俗伎俩。

【“心动”时刻】

迈克·贝克特尔在《高难度对话》一书中提出，人际沟通中的隔阂、组织中的暗流，就像“房间里的大象”，人们都看到了这头“大象”，但都闭口不谈，假装什么都没发生。

这种不良的沟通模式是如何形成的呢？“房间里的大象”的形成有三部曲。

一开始，人们不想谈论这只“大象”，因为尴尬或令人不悦。

一段时日后，人们虽然不适，但似乎习惯了“大象”的存在。

再过一段日子，“大象”四处奔走，践踏了办公室里的花花草草，占据了越来越大的空间，人人感受到了压抑、愤懑，终于意识到：我们必须做些什么了！于是，有人指责他人引“象”入室，有人对此束手无策，也有人直面问题、坦诚沟通，最终解决问题，彻底赶走了“房间里的大象”。

【“行动”时刻】

假如，

你和某同事的关系犹如“房间里的大象”，你会怎么办?

你所在的部门弥漫着这种气息，你作为领导者该怎么办?

试着行动——

其一，阐明现状。找到相关的利益受损方，了解“房间里的大象”带来的危害。

其二，坦诚沟通。说出自己的感受和想法，耐心地询问大家的想法和建议。

其三，达成共识。促使各方达成共识，采取一两个行动，分工协作，扫除阴霾。

树立“超级目标”

由于国际贸易中的几个意外事件，瑞森物联网的海外事业部受到重创：2018 年的增长率达 60%，而 2019 年的增长率居然下降至 20%。2019 年年初，海外事业部总监 Marco 召集四个销售部的负责人，向他们下达了极有挑战性的目标，他激励大家说：“我们今年一定要打好‘翻身仗’，否则，海外事业部的生存堪忧！”

销售一部的负责人 Alec 很郁闷，在四个销售部门中，Marco 给他们部门压的指标最狠。无奈，他去找善解人意的人事主管 Eva 倒苦水。

Alec：“Eva 姐，四个部门里给我们加码最多，太不公平了！”

Eva：“听起来，你挺委屈的。”

Alec：“姐啊，我真的快比窦娥还冤了。去年我们部门的指标是 8000 万元，大家拼命冲到了 8500 万元，今年居然砸过来 1.2 亿元的指标！”

Eva 安慰道：“是增长了不少，谁让你老弟这几年总是销售冠军呢！要知道，在你来之前，你们销售一部跑了不少骨干，有 1/3 的人员还是从别的部门淘汰出来的。去年你硬是带着大家拼到 8500 万元，真够牛的！”

Alec：“唉，都是兄弟们一起干出来的。”

Eva：“大家为啥跟着你这么拼命？”

Alec 沉默了几秒：“应该是我愿意听大家的想法吧。还有，我告诉小伙伴，拼出好业绩来，人人买车、买房！”

Eva：“连我听了都觉得有奔头。Alec，那咱们来分析一下，要达成今年的大目标，咱们都有哪些优势？”

Alec：“我想想啊……大概有三个方面的优势：1. 我们的组员比较稳定，工作也很卖力；2. 我们的产品比较好卖，客户群也相对稳定，就是大客户还不够多；3. 公司计划开拓中东市场，这会是一个新机遇。”

Eva：“你的分析挺到位的，我们有这么好的员工、产品和发展战略，明年的指标还是‘有戏’的。”

Alec：“话虽这么说，但是我还是挺忐忑的——50%的增长啊！”

Eva：“我们来看一下，抛开中东市场，原有市场大概能做出多少呢？”

Alec：“美国市场的自然增长应该有10%~15%，再做一些市场活动的话，30%应该是可以的。咦！那就是说中东市场我们做到2200万元就够了！”

Eva:“是呀，中东市场一个月做180万元就差不多了，咱们在那里是独家。你随后再跟Marco聊聊，把指标分解得清楚一点，向他申请一些市场和技术资源。说到底，咱们都是一条战线上的。”

Alec：“呵呵，刚才气昏了头，现在想明白了。谢谢Eva姐！”

第二天，Alec告诉Eva，他已经和Marco签订了年度绩效协议，而且主动把指标提高到了1.25亿元；老板呢，也慷慨地允诺了两个新人的指标和每月的市场支持。

【“心动”时刻】

面对危机，如果我们能利用好“超级目标”，就会让有分歧或冲突的各方增强凝聚力，同仇敌忾、共渡难关。

竞争对手在面对“困境”或“机遇”时，是否会携手合作？心理学家谢里夫尝试了几次小实验。一次，他让夏令营的供水出现了问题，口渴难耐的队员们立即停止了争吵，齐心协力修复了水管。另外一次，他提供了一个可以租借影碟的机会，但是必须动用两个团队的共同资金，于是，经过一番争执和协商后，大家联合出资租下影碟，度过了一个美妙的电影之夜。还有一次，行进途中有一辆卡车突然抛锚，实验人员在路边有意留下了一根拔河用的绳子。于是，在一个队员的提议下，大家一起用绳子奋力拉车。当卡车再次上路时，所有人都开心地击掌庆祝。

面对冲突时，人们很容易陷入敌对的情绪中，一次次被对方的态度或观点所激怒，甚至为了“教训”对方而不惜损害自身的利益。但是，这时如果有一位成员挺身而出，号召大家奔向一个共同的“超级目标”，能量就可能从“彼此抗衡”转为“携手奋进”了！

【“行动”时刻】

冲突来临时，

首先，界定自己的角色：我是一个跟随者、旁观者，还是一个领导者？

其次，从各方的冲突中，找到一个最符合大家利益的“超级目标”。

最后，群策群力、坦诚交流：“我们真正想要的是什么？”“我们有哪些共同点？”“我们还可以改变或创造些什么？”

【再回首 · 本篇金句】

- □ 一个职场人能否升值、能否成功转型，最核心的要素是什么？——定位、定位、定位！
- □ 每一位职场人，我们核心的“要素禀赋”是什么呢——天赋、人力资本和心理资本，犹如一个经济体的三大“要素禀赋”——自然资源、劳动力和资本。
- □“安全感”不是天生的，也不是等来的，它是在我们认识到行为或思维的偏差后，有意识地去觉察、去改变，在不断的个人成长中慢慢提升的。
- □ 同理心不在于我们如何说，而在于我们如何去“听”。当我们在倾听的时候，不要去分析一个人、评判一个人，而要设身处地地去理解他此刻经历了什么，他的感受是什么，对于他来说真正需要的是什么。
- □ 在语言暴力中，人们发泄了情绪，道出了想法，却无法表达内心真正的需要：关爱、认可、尊重、理解，以及价值感。
- □ 在“一致性沟通”中有三个要素：自我、他人和情境。我们在压力下“自动化”应对时，很容易忽略其中的一或两个因素。
- □ 多觉察自己的应对方式，多试试“一致性沟通”，我们会享有更平静的生活。
- □ 你心镜中的是什么——“佛”还是“狗屎”，决定了你如何看待他人。
- □ 给你的心镜换一个画面，对面的人会不同，你们之间的关系也将不同。

【参考文献】

[1] 林毅夫．解读中国经济 [M]．北京：北京大学出版社，2012.

[2] 道格拉斯・麦格雷戈．企业的人性面 [M]．李宙，章雅倩，译．北京：北方妇女儿童出版社，2017.

[3] 史蒂芬・柯维．信任的速度 [M]．王新鸿，译．北京：中国青年出版社，2011.

[4] 马歇尔・卢森堡．非暴力沟通 [M]．阮胤华，译．北京：华夏出版社，2009.

[5] 查尔斯・汉迪．大象与跳蚤 [M]．潘东杰，译．北京：东方出版中心，2019.

[6] 迈克・贝克特尔．高难度对话 [M]．一言，译．北京：北京日报出版社，2017.

第三篇

止损，告别「消极因子」

我家先生看到书的目录，先是给了热情的评价，随后质疑第三篇《止损》的必要性："好好告诉大家怎么突出个人优势，在职场中提升专业力，把握新机遇就好了。干吗还写那些负面的东西——什么抑郁、焦虑、拖延啊？"

我笑着打趣他：不是所有职场转型的人都能心志坚定，抓住机遇快速行动，顺利开启"第二曲线"的。这些你所谓的负面情绪，在很多人身上都有，在职业的不同阶段都有。我有一个学生说她想离开国企，都琢磨十多年了，最后也没动；还有一个朋友想转型，每年都列好几项学习计划，买来十五六本专业书，结果每到年底都是成果寥寥；还有我自己，第一次创业失败后，经常徘徊在中关村大街上，或者坐在路边的花坛边，看来来往往的汽车和行人，对自己的未来满心焦虑，一片茫然。

殊不知，感其痛楚，才能化其能量。拖延、焦虑、抑郁，这些看似负面的心理状态，其实背后都蕴含着自我成长的渴望。例如，拖延的深处是"我不够好"的低价值感和"我想更好"的发展动力，焦虑暗含着意识到"有为"与"有限"之间的差距，抑郁意味着渴望温情，是人生从"至暗时刻"迈向黎明的起点。

所有的负面情绪都有其自然起伏的过程，这时，需要我们与它在一起，体会其中的感受和想法。所有的经历、感受、想法和行为都是现实世界的一部分，也是自然世界的一部分。我们只有看见、承认并理解它们，才能吸纳各种情绪的力量，对自然和生命产生敬意！

当我们被拖延、焦虑或抑郁等情绪困扰时，最容易的缓解方式就是寻找外因：在原生家庭中的创伤，过往经历中的挫折，或者此刻正在上司的呵斥中、公司的业绩压力下受苦……但其实，向内看，探寻和激发“内在资源”——心智成长是一条更有希望的道路。

第6章 甩掉拖延

拖延中的“DNA”

管理期待

营造环境

从“0”到“1”

有人这样调侃“懒”与“拖延”的不同：“懒”是地上有100元，你一弯腰就能捡起来，但你就是懒得弯腰，觉得无所谓；“拖延”是地上有100元，你很想要，但是想着明天再捡，以后再说。

人们为什么会拖延，是天性如此，还是后天形成的？有哪几种典型的拖延风格？拖延为何如此难缠？如何甩掉这个“斩不断、理还乱”的家伙呢？看到此，你一定迫不及待地想知道答案，绝不会拖延。

拖延中的“DNA”

“离离原上草，一岁一枯荣。野火烧不尽，春风吹又生。”小草的生命力如此顽强，拖延的生命力丝毫不差！在英文字典中，动词拖延是Procrastinate，最初的含义是“然后，挪到明天”。

人们心中大都有一只及时行乐的“小猴子”，随时诱惑着你：吃个香蕉吧，来个水蜜桃吧，四处逛逛去吧！这事不着急，随后再说……

2007 年，专家统计，70% 的大学生存在拖延问题。十几年后，当手机与我们“无缝隙”连接，“低头族”越来越多时，这个比例恐怕会越来越高。

这几个画面你熟悉吗？

本想 10 点半之前睡觉，趴在床上拿起手机，一刷、一刷、又一刷……最初设想的“就玩十分钟”被无限拉长，直至夜里 12 点多，才颓然倒在床上。

闹钟响了，闭着眼睛摸到闹钟，按下；第二个闹铃响了，按下；第三个闹铃又响，取消！继续睡，心中既释然，又有一丝内疚。

面对一项很有挑战的任务，大至项目总结、客户报告、毕业论文，小到去付违章罚单、去医院看牙……我们时常会想到它、看见它，甚至梦里还会梦到它。知道这件事极其重要，也很清楚并不遥远的“最后期限”，担心、闹心……但是那个行动总难开始！

我们有哪几种类典型的拖延行为？为何如此？

- 睡觉拖延。你不甘心这么“碌碌无为”地结束一天，所以，总想做点什么。
- 起床拖延。不愿意离开“梦”，不管这个梦是好梦还是噩梦。梦，是真实的自我表达，是身体和心理能量最舒适、最美好的状态。
- 拖至最后一刻。很多拖延者生活在“主观时间”与“客观时间”的严重冲突中。一开始，他们觉得时间绰绰有余，悠然自得；蓦然间，发现时间已经寥寥无几，就变得一片混乱、手忙脚乱。
- 没有截止日期。拖延者的心中总是存在两个“对立面”，非常撕扯——自由与责任；本能与道德；现实我与理想我；快乐原则与现实原则；等等。“拖延症”只是两个“对立面”僵硬的分裂，是内心痛苦的一件外衣。从“对立”走向“融合”，这将是一条成长的道路。

除此之外，还有一些原因导致拖延：完美主义、低自尊，甚至机能障碍。

完美主义者对自己、对他人总是有很高的期待。因此，一次次否定“阶段性成果”、一次次努力再好一些……他们往往陷于事情本身，而忽略了事情的重要节点、最后期限。

低自尊也是拖延症的一大原因。我值得被爱吗？我是有价值的吗？我对自己有信心吗？低自尊在很大程度上与原生家庭、过往经历有关系。

早些年，人们坚定地认为世界上根本不存在什么拖延基因，有些人只是懒惰、散漫，不思进取，但是在 1983 年之后，神经科学取得了突破性的进展，科学家发现，确实有一些大脑因素或机能障碍会导致拖延，例如，有些人有某种程度的注意力缺失、抑郁症、强迫症或失眠问题，等等。

“我们一直推迟去做我们知道最终无法逃避的事情，这样的蠢行是一个普遍的人性弱点，它或多或少都盘踞在每个人的心灵之中。”看到塞缪尔的诗句，我们多少都松了一口气。

》管理期待

在原生家庭中，父母对我们有各种期待，他们的一些言行对我们影响深远。

- 怀疑倾向：“你能行吗？”“都说女孩子一上初中，数学就不行了。”
- 指责倾向：“你怎么这么懒？”“在周围同学里，你是最磨蹭的！”
- 控制倾向：“你必须在两小时之内完成作业！”“给你报了补习班，就应该坚持下去。”

慢慢地，这些声音“内化”成了我们心中的各种声音。

- 怀疑的声音：总是看到自己的“无助”“不可能”。
- 愤怒的声音：“怎么又错了？”“你应该再努力一些！”
- 严厉的检察官：“说好了，可结果呢？你总是这样！”

内心的“我”越来越无力，自尊越来越低：“我总是不够好。”“我做也做不好，与其马上丢脸，还是拖一拖再说吧……”

在我们的内心中，除了那位“严厉的检察官”，能否再增加一位宽厚的“辩护律师”，为自己多争取一些自尊呢？

检察官：“你这个懒虫，又起晚了！”

辩护律师：“最近太累了。好吧，今晚早一小时睡，明天就不会起晚了。”

检察官：“这事你早就该做了，而不是一直拖到现在，又搞得这么狼狈！你还有希望吗？”

辩护律师：“是我没做好时间管理。今天我盘点一下手头的事情，先挑出两件大事，把它们分解一下，我相信明天会有进展的。”

检察官：“这么点小事，一周了你居然都没动！”

辩护律师：“哎呀，抱歉，忘记了。马上记下来，今天就去做。”

当你内心严厉的谴责声响起的时候，要学会为自己辩护，而不仅仅是低着头、内心战栗着，一遍一遍地重复着“检察官”的呵斥！

温暖的“辩护律师”带来美好的“心理营养”：理解、接纳、关心、相信，以及最重要的——爱。从小到大，我们总是活在各种期待中，品尝着各种“未满足的期待”带来的苦涩。当我们接触到内心深处的“爱”时，不仅可以增强能量，还能创造出丰富的成长性思维。

万事没有完美的，每个人都是有局限性的。我们经常会高估自己的能力和意愿度。所以，在预估完成一件事情所需要的时间和努力时，给自己多留一点余地。每天、每周检视一下自己的进展：做到了，欣赏自己，庆祝一下；没做到，笑一笑，赶紧补上。

【“心动”时刻】

在儿时，我们种下了一些拖延者的信条：

- 我一向都做不好 ×× ；
- 我必须要做到完美 ；
- 如果这次做好了，下次就会要求更高 ；
- 与其丢脸、冒风险，还不如拖着或什么都不做。

人们在面对失败时有两种思维，斯坦福大学心理学家卡罗·德威克表明 ：一种是固定型思维，一种是成长型思维。当事情越来越难时，有固定型思维的人就开始退缩，他们不想冒失败的风险 ；而成长型思维的人则认为，能力是可以发展的，通过努力工作，可以变得更聪明，更擅长某件事，即便在尝试中一次次失败，也会从中吸取教训，做得越来越好。

【“行动”时刻】

当别人对我们的期待、自己对自己的期待“未满足”时 ：

先承认——“抱歉，这次没做好。”“我并不完美。”

再思考——“我可以从哪里改变？”“再试一试吧。”

行动——“我下午四点前要发给客户一份报告。”

》营造环境

约好见面时间，我的一位朋友 Helen 每次都会迟到 10~15 分钟，所以，我每次在等她的时候，都会带一本书或者笔记本电脑处理事情。有一次，Helen 居然迟到了 30 分钟，在等待期间，我收到她的两条致歉微信。“抱歉，实在是抱歉，刚刚被老板揪住说了一通……”像往常一样，Helen 行色匆匆地奔来，无比真诚地道歉。我冷冷地说 ：“Helen，我知道你很忙，但是我希望今后你能准时到。以后的约会，我最多等你 10 分钟。”从此之后，Helen 准时多了，有一次我甚至也迟到了 20 分钟。

而另一位朋友 Alan，每次见面时他都会提前 5~10 分钟，喝着茶，从容而温暖地等着我。即便偶尔晚几分钟，他也会提前 15 分钟左右告知我迟到的原因：路上堵车，或者找不到停车位。谈话未开始，那种“岁月静好”的感觉已然沁入心脾。所以，我很享受我们每一次的见面，不仅有活跃的思维碰撞，更有一种温润的能量交融。

在 2020 年新冠肺炎疫情期间，我参与了几个公益组织的活动，参加了一系列电话会议，在其中的两个组织中，我的行为迥然不同：

在 A 组织中，说好 3 点在 Zoom 软件上开会。3 点了，还只有两个人在线，在随后的 20 分钟内，另外 8 个人才陆续上线（也包括我，我的 Zoom 软件手机版使用中出了问题，手忙脚乱地开通了 Zoom 软件电脑版）。会议开了一个多小时，大家说些零零散散的想法，还有人表达了很多担心、无奈……“一帮‘散兵游勇’！有些人根本就不合适参加。”我的心头不时冒出一串“火苗子”，经常黑着电脑屏幕，要么干其他活儿，要么吃两口饭。最后在会议结束前，我被主持人点名，才不得不说了几句。对后续的几项工作，我没有太大的期待，也没做太高的承诺。

在 B 组织中，会议前一天主持人欣宇就发出了“会议日程”：讨论的要点、每人发言的时间、开放讨论的时间，还温馨地提供了参会人员的背景（便于事前的“人性连接”）和相关资料。在开会前半小时，由一位技术专家支持参会者测试“微信会议”软件（我们大多数人都是第一次用）。4 点了，准时开会，高效分享，50 分钟后搞定议题！会议结束半小时后，主持人发给每位参会者一份简短的“会议纪要”，推动后续事宜的落实。在 B 组织中，我自然是全神贯注地听，在自己发言的两个“5 分钟”里说干货、做实事。

【“心动”时刻】

拖延时钟——在每个人的心中，都有一个不同计时标准的“时钟”。对于同样的客观时间，每个人有不同的主观感觉。在不同的环境中，人们的言行是很不同的：如果你交往的朋友、共事的伙伴做事都很守时，到时间点交活儿，有事及时通气，你也会谨言慎行；若你身边的朋友、同事懒懒散散，答应你的事却没下文，做事没时间节点，开会没重点……时间久了，你的“主观时钟”也会慢许多。如果你是一位能量型领导者，可以通过以身作则、设立规则建立一种高效的工作氛围，也能改变团队成员的不少拖延行为。

【“行动”时刻】

此刻，请你觉察一下自己。

我在什么环境下容易拖延，在什么环境下比较高效?

在这个高效的环境中，有什么“高效因子”？

在一个拖延的环境中，我可以添加一些什么?

从“0”到“1”

有时，我们面对一些事情，就是不想做：或许是一个庞大的、很有挑战性的任务，仿佛一块令人生畏的“大石头”；或许是一件比较烦琐或让人烦心的小事，犹如一颗硌牙的“小石子”。总而言之，做这些事情都需要耗费我们比较多的能量。那么，就选择在你能量最高的时候，去面对这些耗能的事情吧。

例如，对于我来说，每天清晨5点左右是最有工作效能的时刻，我就会坐在窗边奋笔疾书写上几千字，或者把一个大项目拆解成几块，从最难的那一块开始“啃”。忙了一个小时，抬头望向窗外，对面的楼群中还只有七八扇窗户透出灯光，我的成就感又上了一层楼！而对我的小伙伴 Jason 来说，每天晚上 11 点到凌晨 1 点是他的高光、高产时刻。很有趣的是，有时，两个忙完工作的人在微信里“晒成果”，前后相差不足三小时——他刚睡，我刚起。

无论面对的是“大石头”还是“小石子”，请你列出一两个来，在自己最清醒、最有能量的时刻向它们进攻。手比头高，真的撸起袖子干起来，So easy（好简单）！

【“心动”时刻】

从 0 到 1，四步突破“拖延”。

觉察：干扰我最多的是哪些拖延行为？

添加：在思维中添加一些“新因素”，来处理内心的负面反应——“晚睡好久了，今晚试着早一小时睡。”“我拖延，其实是想把这事做得更漂亮。”

行动：开始新的突破——“我昨晚早睡了一小时，今天早起了半小时，精神不错！”“先赶紧交一个小活儿，其他的继续干。”

庆祝：小小地庆祝和奖励一下自己，我已经走上了新道路！

【“行动”时刻】

你准备好了吗？和“拖延”聊聊天。

今天，我有哪些烦人的拖延行为？

在这些行为背后我是怎么想的？

可以添加什么“新的因素”？

明天可以试着做点什么突破？

第7章 转化焦虑

焦虑在说什么

“无力”与“动力”

自我价值感

抑郁抱住“过去”不放——“我有没有价值？”“我没做好！”“我失去了什么？”

焦虑则与“未来”相关——“我能不能做好？”“目标能否达成？”“会有什么意外？”

抑郁情绪中包含着不开心、内疚和遗憾。

焦虑情绪中散发着不安、恐惧，甚至会激化成“惊恐症”——一种急性焦虑，会引发更深层的忧虑：我存在得值不值？害怕产生不幸后果，恐惧死亡。

2015 年，世卫组织发布了《2014 年精神卫生地图集》，报告显示，全球每 10 个人中就有 1 人存在精神障碍，总数高达 7 亿人。该报告还称，预计到 2030 年，抑郁症会成为全球最大的健康问题之一。

2018 年，世卫组织估计，全球每年约有 80 万人死于自杀，精神卫生问题需得到更多关注！而每增加 1 美元用于普通精神疾病（如抑郁和焦虑）的治疗，就能在健康状况和工作能力恢复方面产生 4 美元的回报。

在美国，每 10 个成年人中就有 1 个患有抑郁症，而中国的抑郁症患者也已达 9000 万人，这个数字依然在增加，并呈现低龄化的趋势。与抑郁相比，焦虑的杀伤力虽弱，却是一种更广泛存在的精神问题。社交焦虑、分离焦虑、教育焦虑、中产焦虑之类的词语充斥整个互联网，焦虑已经成了社会流行病，无处不在。

然而，焦虑与抑郁并不全是坏事，都属于我们正常的七情六欲，只有过度了才需要干预。在本书中，我们列出了三个简单而有效的量表（见表 7-1、表 8-1 和表 8-2），花几分钟测一测，你就能对自己的焦虑或抑郁状态了如指掌。

对于广泛的焦虑和抑郁情绪而言，除了心理咨询、药物治疗等专业方式外，一个更为可行的方法是，从生活习惯上回归简单而自主的方式。保持一定的运动量，走走路、骑骑车、多乘坐地铁，打破"下楼即上车""下车乘电梯"的出行习惯；多参与一些家务劳动，亲手做顿饭、慢慢品杯茶，代替天天外卖的"快餐生活"；减少对科技产品的高度依赖，让自己的双眼和大脑除了电脑屏、手机屏外，多感受一下蔚蓝的天空、多留恋一些身边的姹紫嫣红。

哈佛大学医学教授李・戈德曼说："我们面临的挑战是要使用我们的大脑来帮助我们重回轨道，正是由于它迅速改变了我们的环境，才造成这些问题，这并不是一件容易的事。但从 20 万年的时间里人类成功克服的困难来看，我们的胜算很大。"

表 7-1　GAD-7 焦虑筛查量表

单位：分

序号	症状	没有	有几天	一半以上时间	几乎每天
1	感到不安、担心及烦躁	0	1	2	3
2	不能停止或无法控制担心	0	1	2	3
3	对各种各样的事情担心过多	0	1	2	3
4	很紧张，很难放松下来	0	1	2	3
5	非常焦虑，以致无法静坐	0	1	2	3
6	变得容易烦恼或易被激怒	0	1	2	3
7	感到好像有什么可怕的事会发生	0	1	2	3

将表 7-1 中的各项分值相加，如果你的总分为 0~4 分，恭喜你，你没有焦虑症，请注意自我保重。

如果你的总分为 5~9 分，你可能患有轻度焦虑症，建议咨询心理医生或心理医学工作者。

如果你的总分为 10~13 分，你可能患有中度焦虑症，建议咨询心理医生或心理医学工作者。

如果你的总分为 14~18 分，你可能患有中重度焦虑症，建议咨询心理医生或精神科医生。

如果你的总分为 19~21 分，你可能患有重度焦虑症，请一定要看心理医生或精神科医生。

焦虑在说什么

大多数有点文艺情怀的人，心中都有一个浪漫的梦：开一家有情调的民宿，经营一个清新典雅的花店或者咖啡馆。可谁又知道，在“诗和远方”的背后，却多少泛着一丝焦虑。

小蜜的“民宿梦”源于“教育梦”的破灭。毕业后，小蜜在广州的一所小学教英语，教了四年后，她发现，不论她如何努力培育孩子们的个性化品格，如何拒绝“填鸭式”的教育方法，大多数家长只在乎孩子们的分数和排名。

随后，因为家庭的原因，小蜜来到了广东省北部的韶关。一次，她和家人在丹霞风景区游玩，发现当地只有一些低档次的家庭旅馆，根本没有一家像样的宾馆。为什么不开一家民宿呢——做一些自己喜欢的小东西，装点民宿的每个角落，与五湖四海的旅人聊聊天……想想就很惬意。

说干就干，没有任何经验的小蜜立即辞职，开始创业。房屋装修预计要花 10 多万元，结果最终花了 20 多万元。11 个房间装成什么风格？小蜜自己想怎样就怎样，涂鸦了一番；没服务员，小蜜自己带着一个小姑娘从早到晚忙活：白天，小蜜在大堂张罗客人入住，陪着客人喝茶、聊天；晚上，她学着调鸡尾酒，弹唱几曲吉他，营造浪漫闲适的氛围……好在，小蜜是景区中“第一个吃螃蟹的人”，经营这家小民宿还算得心应手，生意做得有滋有味。

在与客人们的交流中，小蜜发现大家的需求很不同：有的喜欢安静，有的喜欢热闹，有的喜欢亲子氛围……但一家小民宿满足不了这么多元化的需求，于是两年后，她又做起了更大的民宿生意，更多的焦虑也随之而来。

丹霞印象总店选址在景区门口的黄金地段，建筑和装修预算从 200 万元一下子暴涨到 400 万元。总店承载了小蜜更多的梦想，也压得她和创业团队很窘迫。

更意外的危机来了！在总店营业一年多后，房东突然要将房产一次性出售。“我们哪儿有这么多钱？！”小蜜和爱人煎熬了十多天，与创业伙伴反复商议，硬是在一周内四处奔波，找朋友们帮忙凑钱，艰难地买了下来。

小蜜招来了一批新手，如何带好这帮人呢？小蜜没什么管理经验，只知道实实在在手把手地教。一开始，她教得很辛苦，也很郁闷，“这些‘90 后’怎么那么懒呢？”年轻人不怕小蜜老板，反而建议她多看看微信中的段子，劝解她：“蜜姐，你要学着怎么跟我们‘90后’沟通。”

就这么磕磕绊绊地，小蜜的“丹霞印象”开了一家又一家，她的身影越来越忙碌，但不论出了什么意外，她都笑呵呵地应对着。

“你是怎么应对创业中的焦虑的？”我问小蜜。

“我就是心宽，凡事慢慢来，相信坚持下去，总会越来越好的。”小蜜真心实意地说，“民宿真的是一个好行业，能在生活中体验美好、创造美好。”

的确，走进丹霞印象一家家不同风格的民宿，随处都能感受到“小而美”的片段：精心制作的小饰品、一段幽默的句子、一幅幅或婉约或豪放的条幅，等等。在丹霞印象的“禅语”店，大堂里一艘古色古香的木船里盛满了当地的“非物质文化遗产”文创产品——红豆手串、挂件、流星石。在“禅意”店，小蜜和几位创业伙伴用了两个下午，在小院子中铺了一层白白的石子，做出一条曲径通幽的石板路，一入院门，怡然而宁静的气息扑面而来。在“格物”店里，一层大堂犹如一个清净隽永的图书馆，四周的墙壁、隔断上都是书。走上楼去，不仅每个房间的名字都取自一本名著，而且床头都摆放着几本书。

在新冠肺炎疫情期间，小蜜带着几个小伙伴回到“云门印象”店，在春寒料峭下尝试农耕：种菜、种花生、种辣椒……“我想让更多的游客来体验传统文化和农耕生活，不应只是匆匆一游，最好静心住几天。”小蜜的美好事业，又开始了新的篇章。

【“心动”时刻】

“动物拥有的是一个环境，而人类拥有的是一个世界。”心理学家罗洛·梅诗意地描述了人类的“存在焦虑”。可见，焦虑和人类的存在有密切关系，是人类奋进的重要动力。我们总能觉察到自己的脆弱与有限，因而发展出了多彩的人际和生活模式：家庭、友谊、文化、社区，以及各类团体与组织。

存在主义哲学家和临床医生们认为，焦虑是生命的基本现象。在所有的改变、成长、发展和社会文化成就的背后，都有焦虑的积极推动。只有当焦虑变得严重，导致个人失去生命或阻碍了生命的适应力，才需要医疗的介入。

按照马斯洛的需求理论，焦虑也是分层的。

生存的焦虑：由于自然灾害、组织变革、社会动荡引发的不安全感。

归属感：在人际交往中不被认可、不被尊重或不被接纳，因此，有些人总是在组织中找不到自己的位置，频繁地换工作，心如浮萍，无所依靠。

自我实现：一些优秀人士、成功人士不断地求学、无止境地积累财富，也是源于一种对“自我实现”的焦虑。

【“行动”时刻】

此时，如果你有一些焦虑，说明你正在从事一份有挑战性的工作，或进入了一个新领域。

首先，回归自己的“初心”——“我为何要做此事？”

其次，接纳自己的“有限”——“慢慢来，总会越来越好的。”

最后，感恩“焦虑”的存在——“谢谢你，一直推动着我成长！”

》“无力”与“动力”

四年的原本教育创业以来，小龙拼尽全力、一路狂奔。业务看似平稳发展，但他的心情一路跌宕起伏，兴奋、沮丧、无奈、惊喜……“创业几年中的成长，远远超过了我过去十几年的职业生涯”。

前两年，小龙在每一条业务线、每一个项目上亲力亲为，每天只睡三四个小时，每月开车奔波几千公里，用他自己的话说，“坐在马桶上都在梳理公司的发展思路。”虽然这么疲于奔命，但是他心里很踏实，自己可以控制每一个关键环节，确保每一个项目的品质。

创业进入第三年，长期“上紧发条”般的状态让小龙突然意识到，在公司的经营驶上快速道——项目更多、业务更多元化的时候，人才梯队却跟不上了，“只要我不去跟项目，就会出大大小小的问题”，他很焦虑。看似蒸蒸日上的第三年，小龙依然处于四处“灭火”、辗转难眠的状态。更无奈的是，他为团队的学习和成长付出了很多——组织学习会、读书会、集中培训……但回报率似乎并不高，还引出一些团队伙伴的抱怨：“天天加班学习，如果不加班、不晚走，就让人有负罪感，这样的日子什么时候是个头啊！”连续两个业务骨干辞职，认为天天加班，辛苦却挣不来多少“银子”。

如何从温暖的“老大”变成温和而坚定的“老板”？

如何既坚守自己心中的信念，又兼顾伙伴们的需求？

小龙在高管教练的指点下，开始了痛苦的蜕变。

其一，自己最大的优势是连接人，但没有把握好人际关系的边界。在公司管理中与其苦口婆心地劝解、唠叨和督促，不如明确目标、坚守原则、赏罚分明，否则，就算累死了“老大”，“兄弟们”还是成长不起来。

其二，自己沉溺于项目开发、团队成长，把太多注意力聚焦在公司内部，而没有把重点放在拓展经营和客户维护上。产品的质量决定了公司的发展方向，但是如何扩大经营，如何让客户持续地认可公司也很重要。

其三，除了自己去市场上拼杀，要能推动伙伴们在做中学，在项目中实战演练，在一线快速成长。

在高管教练许多善意的提醒下，一次次栽跟头之后，小龙深刻地体会到：创业中的“坑”，有些知道了，可以事先计划避过去；有些知道了，但还是得结结实实地掉进去摔破了头，才能算真的懂了。

蜕变的动力来自哪里？小龙坦言，他在体制中工作了16年，总想为社会做些有价值的事。创立原本教育，就是想探索一条独特的育人之路，将管理学和心理学的精髓融入教育理念中，让孩子们有更多的机会“成为更好的自己”。

“成长思维夏令营”“领导力俱乐部”“心理资本夏令营”“非暴力沟通亲子营”等，原本教育的一系列特色培训项目得到了不少学校和家长的好评，也为素质教育注入了一些鲜活的因子。看着这些在社会大熔炉中碰撞出来的创新火花，小龙更加坚信自己的选择和付出都是有意义的。

身体极其疲惫，但内心自由而丰盛。创业的路途始终艰辛，好在身边总是有一帮淳朴的小伙伴温暖相伴，“新体验、新征程”，大家一直朝着梦想努力前行。

【“心动”时刻】

创业如爬坡，何时能松口气？——不知道。

新冠肺炎疫情何时能结束？——不清楚。

经营何时能恢复正常？——说不准。

当确信感、掌控权脱离了自己的双手，落在外界不可控的因素上或者无法预知的局势中，无力感就如野草一般蔓生。

我们有想要去做点什么的愿望，但是又没有什么方法去做，或者说，我们对“去做什么”有一点恐惧，在这种情况下就会产生一种无力感。美国著名的心理学家马丁·塞利格曼教授称这类状态为“习得性无助”。既然称为“习得”，我们就知道“无助”和“无力”是我们后天“学来”的，并非天生如此。

每个人都是一个能量源，需要在人与人的交往中、在一个又一个挑战性工作中释放智慧、创造价值，从而体验到一种真切的“存在感”。只是，有些事我们努力了，有所改变；有些事我们努力了，依然无济于事，这便是真实的世界。

【“行动”时刻】

既然焦虑是我们生存和生活中的一种动力，好吧，在很焦虑的时候，不妨开启几段对话。

与自己对话。“你做得挺好的……”“你可要自己保重，有些事得慢慢来……”“只要你喜欢，就坚持做下去吧！”给自己多一些欣赏、关爱和接纳，做自己“最好的父母”或者“最忠诚的伙伴”！

与生活对话。“今天，我要去做一道菜，试试自己的厨艺！”“不错，今天写了2000多字，离我的写作梦又近了一点。”“今天骑车一个小时去上班，真是神清气爽！”从小事做起，从现在做起，从尝试新事物开始，你将体会到生活如此真实，盈手可握。

与生命对话。“人生不如意，十之八九。”当你读此书时，如果生命中的“如意”有十之八九，“不如意”只有一二，感恩自己拥有的，接纳那些失去的，在生命的沉浮中或许会更加自足、自如。

自我价值感

在电影《海王》中，童年的小海王阿瑟很孤独，没有妈妈的陪伴，爸爸少言寡语。他很羞涩，同学们叫他“怪物”，都躲着他。而当他知道了自己的身世后，变得更加自卑——爸爸来自陆地，妈妈来自海洋，我真是名副其实的“怪物”啊！

幸运的是，阿瑟在13岁那年遇到了人生导师维科。他们从一处悬崖峭壁上跃入大海，一起畅游了海底世界，那里有发光的水母、多彩的鱼群，美轮美奂的珊瑚……维科不仅传授阿瑟许多本领，还告诉他：“你的妈妈是为了保护你和爸爸，才不得不返回海洋的。她一直深深地爱着你们。”

而新朋友——来自海底的湄拉公主的一席话，更是吹散了阿瑟心中的乌云，她说:“阿瑟，你的出身正是你的长处啊，你就是陆地与海洋之间的桥梁，只有你才能为陆地与海洋带来和平。”

于是，阿瑟的心结彻底解开，他的“自我价值感”大大提升，本领更是一路飙升。最终，阿瑟历经千辛万苦夺得三叉戟，率领一众伙伴打败了野心勃勃的弟弟后，一个海王诞生了——“我是陆地的儿子、深海的守护者！”

由此可见，“自我价值感”有三个来源：

其一，来自自己和他人的比较。

其二，来自别人的观点和评价。

其三，还可以自主地拓宽视角，选择扮演一个独特的角色，承担一份责任。

【“心动”时刻】

自我价值感是指个体接纳和认可自己的一种积极的情感体验。纯然的“自我价值感”自从你诞生的那一刻就具备了。“我是宇宙的产物，是从天地万物间诞生的一个独特的存在。人类有很多不同的特质：美丽的、精明的、才华横溢的……不论别人有怎样的优秀特质，我都是宇宙间独一无二的存在。”

一个爱自己的人是真正拥有自我价值感的人，你会肯定自己、欣赏自己，同时又可以面对自己的不足，持续地提升自己。你也会有适度的焦虑，这犹如成长中的“胡椒粉”，偶尔撒一把，刺激一下人生是十分有益的。

【“行动”时刻】

当你焦虑不安，觉得自己“一无是处”的时候——

首先，说出你的担心、害怕——脆弱的力量，将把你与他人更好地连接在一起。

其次，欣赏自己、接纳自己——我是独一无二的，我值得拥有一切的美好。

当你孤独、无助或者不被人理解的时候，

当你看到窗外的灿烂阳光，开启新的一天的时候，

下面这首诗，请你念给自己听。

看到我的美好

瑞德·格拉默 凯茜·格拉默

请看到我的美好，
请找到我最好的地方，
这是真正的我，
也是我想成为的样子。
也许要花一点时间，
也许找起来很困难，
但是请看到我的美好。

请看到我的美好，
今天、明天、每一天，
请你试一试，
请你找一找。
看到我闪耀出的光芒，
在我做的每一件事情里，
请看到我的美好。

第8章 走出抑郁

抑郁体温表：我抑郁了吗

抑郁探测器：我为何会抑郁

身体“四部曲”

重构原生家庭

裂缝中的光

本书关于抑郁的界限在哪里？

我们试图从心理学的视角去探寻职场人士的困惑和成长，但只是在生命曲线中的两段做些功课：当你“滑向谷底”时以及当你“转而上扬”时。假如你陷入中间那一段痛苦的“谷底”，我们还是恳切地建议你主动求救，去寻找专业的心理咨询师或心理医生。

日本著名的心理治疗大师宗像恒次说：“抑郁症最重要的转折点是主动寻求帮助。只要你开口说‘我最近有点儿不对劲儿，你能帮帮我吗？’转机就开始了。”他继而痛惜地慨叹道：“但是有不少抑郁症患者，至死也未开口。”

抑郁体温表：我抑郁了吗

以下这些问题是许多职场人关心的：

- 抑郁情绪怎么就变成了抑郁症呢？
- 有什么简单的筛查抑郁症的方法吗？
- 抑郁症的原因或诱因主要有哪些？
- 目前针对轻度、中度和重度的抑郁症有哪些不错的治疗方法？
- 在治疗抑郁症期间，如何发挥关系的重要性？

如何判断是抑郁情绪还是抑郁症？我们分享两个方法。

第一个是极简方法，即 PHQ-2 抑郁症筛查量表（见表 8-1），通过两个问题快速筛查：在过去的两周里，你生活中有多少天出现做事缺乏兴趣或愉快感的症状，以及有多少天出现高兴不起来、抑郁或感到无望的症状。

表 8-1　PHQ-2 抑郁症筛查量表　　单位：分

序号	症状	从不	数天	超过一半的时间	几乎每天
1	做事缺乏兴趣或愉快感	0	1	2	3
2	高兴不起来、抑郁或无望	0	1	2	3

将表 8-1 中的得分相加，若总分等于或大于 3，请继续做 PHQ-9 抑郁症筛查量表（见表 8-2）；若小于 3，就不用担心了。

第二个方法是做一份 PHQ-9 抑郁症筛查量表，这份量表具有 9 项指标，信度和效度都很好，测量在过去的两周里你在生活中有多少天出现表中的症状。

表 8-2 PHQ-9 抑郁症筛查量表 单位：分

序号	症状	没有	有几天	一半以上时间	几乎天天
1	做事时提不起劲儿或没有兴趣	0	1	2	3
2	感到心情低落、沮丧或绝望	0	1	2	3
3	入睡困难、睡不安稳或睡眠过多	0	1	2	3
4	感觉疲倦或没有活力	0	1	2	3
5	食欲不振或吃得太多	0	1	2	3
6	觉得自己很糟，或觉得自己很失败，或让自己和家人失望	0	1	2	3
7	对事物专注有困难，例如看报纸或看电视时	0	1	2	3
8	行动或说话速度缓慢到别人已经觉察，或正好相反——变得比平日更烦躁或坐立不安，动来动去	0	1	2	3
9	有“不如死掉”或用某种方式伤害自己的念头	0	1	2	3

是否得了抑郁症，我们要从三个方面来综合衡量。

其一，分值：在表 8-2 中，总分为 4 分以下，表示只是有些抑郁情绪；5~9 分，表示可能有轻度抑郁症；10~14 分，表示可能有中度抑郁症，建议寻求心理咨询师或心理医生的帮助；15 分以上，表示可能有中重度抑郁症，建议去看心理医生或精神科医生。

其二，若总分为 4 分以上，而且抑郁情绪已经持续了两周以上。

其三，持续出现一些症状：不开心、注意力不集中、对很多事情不感兴趣，吃不下饭，睡不好觉，产生了一些消极想法，而且症状已经影响了角色功能，通俗地说，就是学生不能完成学业，职场人无法顺利上班、照顾孩子、料理家务等。

陈群大夫强调，只有以上三个方面都符合条件，才能推测可能患有抑郁症。

抑郁探测器：我为何会抑郁

两个多月来，一凡白天没精打采，对什么事都没兴趣，夜里整晚睡不着。去做了三四次心理咨询，她觉得一点儿用都没有。不得已，焦躁、绝望的一凡在父母的陪伴下来到了安定医院。这家医院因主治精神类疾病，在人们心目中有些灰暗且神秘的色彩。

排了一个多小时的队，终于见到了大夫。如同念经一般，一凡把症状简要地说了一遍：没兴趣、没力气、无价值感；晚上睡不着，白天昏昏沉沉，一看书就头疼。“这个样子，还不如死了算了。”一凡木然地说。

“陈大夫，小凡以前可不是这样的。她特别上进、阳光，别人都叫她‘激励姐’呢！”妈妈急急地说，“怎么会这样呢？请您一定帮帮她！”

“阿姨，您先别着急，”陈大夫安慰道，“咱们先要确定，一凡的抑郁到了什么程度，然后才能对症治疗。”接下来她又询问了一凡的身体感觉、最近的工作和生活情况，包括详细的内心状况。然后，她开了一张单子，让一凡去做一个系统的“心理测试”。

再次面对陈大夫，看她翻阅着厚厚的报告，一凡惴惴不安地坐着，仿佛面临着最后的审判。陈大夫看完报告后温和地说：“心理测评报告和我之前的诊断大致相同，一凡，你现在是重度抑郁症。”

“怎么办呢？”一凡木木的神经略有波动。

“需要住院治疗。”

“我不住院！”一凡一下子很生气。她在等候区里曾经看到五六个住院病人，穿着灰暗的病号服，死气沉沉地走进治疗室。“绝不能住院！”她在心里闷声叫着，“就算死，我也要死在阳光灿烂的家里。”她深深地低下头，再也不想看对面的大夫。

“一凡妈妈，一凡现在的情绪很不稳定，已经有了多次自杀的念头，所以出现意外的概率很大。”陈大夫看着焦虑的老人家。

“陈大夫，我们在家里可以好好照顾她的。”一凡妈妈恳求着，“哪怕每天来医院都行……”

“好吧，”陈大夫无奈地说，“我先开点药，让一凡吃着。最近一个月争取每周来复查一次。你们住得远吗？”

“太谢谢您了。不远，不远，一个多小时就到了。”一凡妈妈小心翼翼地说。她看到陈大夫流畅地写下一大段病情，最后一段话是：重度抑郁症，严防意外。

在随后的三个月中，吃饭、看病、吃药、睡觉，一凡的生活简单而平静，犹如夏日原野上的一条细流，缓慢而艰难地淌过干枯的土地。其间，一凡体验了几次 MECT（改良无抽搐电疗），睡眠好了许多，体力也慢慢恢复了。

于是，一凡开始健步走：最初几天，她在附近大学的校园里走；后来，她走到了三公里外的湖畔；接着，她的健身目标落到了颐和园的后湖。每天清晨 6 点，一凡都会准时走进颐和园的北宫门，穿过层层的假山，沿着碧波荡漾的昆明湖，昂首阔步地走上一大圈。超过身边的一个个锻炼者，走过湖边的一座座石桥，一凡惊奇地发现，颐和园如此沉静而壮美！在湖光山色的滋润下，她的生命河流也慢慢地流淌起来。

一个月后的清晨，一凡走着走着，忽然闻到空气中飘来一股淡淡的桂花香味儿。她顺着香味走到“佛香阁”门口，看见几十盆硕大的金桂依次摆放，馥郁的芳香一阵阵袭来。一凡静静地站在一株桂花前，贪婪地呼吸着桂花的香味儿。暖暖的、浓浓的花香仿佛一只温润的手，拂去了她压在心头的乌云。

“陈大夫，我能闻到花香了。”一凡兴奋地给陈大夫打电话。

“太好了！你这么早就出门了啊？”陈大夫有些惊喜。

“我正在颐和园里健步走呢，已经走了一个月了。”

“难怪你恢复得这么快，改天跟我好好分享一下。”陈大夫笑着说。

“我现在感觉好多了，我能停药吗？”一凡着急地问。

“你千万别急着停药。”陈大夫认真地叮嘱道，“有些病人急于停药，病情又反复了，有反复厉害的甚至都自杀了！”听罢，一凡的心里一惊。

“你这两天来医院一次吧，我看看你的情况是否可以酌情减些药量。”陈大夫在挂电话前又再一次叮嘱道，“千万不要自己停药啊！”

随后的一周，一凡的药量减半。又一个月过去，一凡彻底告别药物，回单位去上班了。她生命的河流又一次欢快地奔腾起来。

经历过这次重生，一凡在网上购买了三四本有关抑郁症的书籍——《痊愈的本能》《走出抑郁》《SAT 疗法治疗抑郁症和癌症——挽救家庭的爱之疗法》等，如饥似渴地读着，她想清清楚楚地找出三个问题的答案。

其一，为什么我会得抑郁症？

其二，抑郁症还会复发吗？

其三，如何从抑郁中彻底疗愈？

【“心动”时刻】

为什么我会得抑郁症？这个问题是大家最关心的，也是最难以确认的。目前，专家们列出了几类与“抑郁”相关的因素。

一类是生物原因，例如，性格中含有某些基因，或有遗传家族史。

一类是与原生家庭相关，例如，父母的关系、家庭教养和处理问题的模式。

一类是激素原因。在我们生命中的一些特殊时期，例如青春期、孕前期、哺乳期、更年期等，由于激素水平的剧烈变化，会导致身心的不平衡。

还有一类与社会心理相关，例如，经济恶化（失业、企业破产、股市大跌）、社会关系巨变（失恋、离婚、丧偶）、生活中遇到死亡、突发疾病等相关冲击性事件（例如 2020 年的新冠肺炎疫情），都容易诱发心理疾病。

对于轻度抑郁症患者，心理治疗（目前最主要的是行为疗法和人际关系取向的疗法）、中医疗法（针灸、艾灸），以及冥想和正念练习，都有不错的疗效。

对于中度抑郁症患者，针对患者的心理需求——快点摆脱这种痛苦，心理医生还是建议把药物与心理治疗结合，不仅疗效快，而且有利于长期痊愈。

对于重度抑郁症患者，一定要去医院接受专业治疗，甚至住院治疗。

许多患者不愿意服用抗抑郁药物或去医院就诊，是由于几类误解。

- 吃药后会不会有副作用啊?
- 我会不会对药物产生依赖、导致成瘾啊?
- 如果别人听说了，我会不会被当成神经病啊?

其实，药物治疗对抑郁症与焦虑症有很好的效果，甚至比认知疗法更为有效。大约 1/3 的抑郁症患者，通常在没有服用药物的情况下可以慢慢好转，而服用药物治愈的比例约为 2/3。然而，令人遗憾的是，至今仍有许多人并没有意识到抑郁症是一种疾病。目前，在中国 9000 万名抑郁症患者中，只有不到 10% 的人接受过专业治疗，包括认知疗法、人际治疗与药物治疗。而在更多的情况下，人们要么不知，要么怯于承认、耻于就医，从而导致了更加糟糕的后果。

【“行动”时刻】

如果你觉得自己有些抑郁，或者持续对身边的人和事情没兴趣，赶紧行动哟！

首先，用量表测试一下自己的抑郁程度。

其次，找心理咨询师或专业医生求助。

最后，运用“组合疗法”——心理治疗和身体锻炼。

身体“四部曲”

“思”字由“囟”（脑）和“心”组成，可见各类情绪和思维上的困扰都与身体有关。所谓身心合一，中国古人的智慧一向具有系统观和合一性。

在治疗抑郁症方面，有四种跟身体密切相关的疗法，不仅简单易行，而且效果很不错：中医疗法（包括针灸和艾灸两大“法宝”）、加强营养（Omega-3）、运动和正念。

气的能量——中医疗法

针灸与艾灸都能调理气息、长养精神。

有一则与针灸相关的趣闻：1972年，《纽约时报》的专栏作家詹姆斯·莱斯顿随美国尼克松总统访华，在北京期间，他紧急做了一次阑尾切除手术。手术后，他感到腹部胀痛，向医生要麻醉剂，可是医生却用针灸和艾灸的方法帮他进行术后调理，不到1小时，詹姆斯的腹胀感觉明显减轻，而且以后再也没有复发。震惊的詹姆斯回到纽约后，在《纽约时报》上发表了一篇长文，标题为《现在，让我告诉你我在北京的阑尾切除手术》。转瞬之间，针灸就开启了在美国的大门。

针灸为何对抑郁症有效？哈佛大学的研究表明，针灸可以阻塞情感脑里负责痛苦和焦虑区域的传导神经。发表在美国《国家科学院公报》上的一篇论文提到，用针灸刺激足部小趾上的至阴穴时，可以改善视力、治疗抑郁症。

需要注意的是，不同体质的人，对于相同的穴位刺激会产生不同的反应。我询问中医傅思建大夫，他建议针灸时的取穴可以考虑内关、少海、神门、心俞、心包腧、章门、关元、命门、太白、涌泉，对症治疗。

我本人也从艾灸中受益匪浅。最初的半年，我非常敏感焦虑，灸室周围的声音大一些，我就会很生气、烦躁。一年后，我有一次和傅老师聊天：“现在听到灸室外的人喧哗，我好像不那么烦躁了。”“你体内的湿气少了，能量就能流通起来，情绪就不会淤积在心里了。”傅老师笑着说。

进而，傅老师告诉我：

一则，从体质上讲，体内湿寒大的人易焦虑、抑郁；

二则，湿寒大多跟穿衣、饮食、睡眠等生活习惯有关。多运动、少吃寒凉食物、不熬夜，女性少穿裙子，就能避免湿寒在体内积累；

三则，如果心经、心包经长期积累压力和寒湿，很容易导致焦虑和抑郁。针灸调心经、心包经，能祛除压力和寒湿，补脾、补肾、疏肝后甚至能改善和治愈抑郁症。

吃的奇妙——加强营养

一个大学生患上了重度抑郁症，他试了很多心理和药物疗法，都没有效果。接下来是试试用电击治疗，还是服用鱼油，他和父母商议了很久，最后选择了后者。一个月后，大学生脑海中的自杀念头竟然完全消失了。

为何如此奇妙？因为鱼油中富含 Omega-3 脂肪酸，这种元素可以滋养“情感脑”，帮助神经元细胞膜重生。

那么，我们可以从哪里得到 Omega-3？鱼油、鱼类、有壳类产品（例如亚麻籽），以及蔬菜（例如马齿苋菜、菠菜和螺旋藻）里，都富含这种奇妙的元素。

运动的魅力

在我的朋友和同学中，得抑郁症的人不少，其中很多人都是靠运动“自救”的。

Eva 转型到一家工作强度高的 IT 公司工作，最初的半年“压力山大”，她很感恩那一段运动时光，“马拉松就是我的生命线！”现在 Eva 每年要参加国内外两三场马拉松赛事。

“自从去年走完‘玄奘之路’后，我就爱上了运动。现在，只要情绪不好或者没创意，我就穿上运动鞋出去跑两圈。”瘦弱的捷儿如此巨大的转变，让我很惊喜！

杜克大学的研究人员曾经做过一项研究，比较慢跑和左洛复（一种广为人知而且有效的抗抑郁药）的抗抑郁效果。前四个月，这两种治疗对病人具有同样的效果；然而，一年后，两种治疗的效果出现了重大的差别——服用左洛复的病人，超过1/3旧病复发，可是坚持跑步的人，92%仍然情况良好。

专家们很诚恳地建议：重要的不是距离和强度，而是持续的时间。定期运动，最少的运动量是一周三次，每次20分钟。

即便是年龄在50~77岁的抑郁症患者，一周三次健步走所得的益处和服用抗抑郁药是一样的。抗抑郁药只能较快地舒缓症状，但不是更持久的办法。

正念的力量

2018年冬季，我有幸随阿宇仁波切（一位藏传佛教的活佛）与北大的一些校友去河北崇礼体验了三天“正念”。

每天清晨禅坐50分钟，我的心比较静，但一条腿麻得厉害，有时还会昏昏欲睡。后来听阿宇活佛讲解，才知道下盘要垫高一些，眼睛要“二八睁”，不是全闭上。每日三餐，全程禁语，自己找个安静的角落坐下，慢慢品尝素食的味道、进食的细微感觉。有两日去户外“行禅”，一行人走在崇山峻岭间，踩着厚厚的松针、踏着薄薄的积雪，不言不语、慢慢行走。

遵守一定的戒律，例如禅坐、止语、素食等，能让人更好地进入“定”的境界。果然，在体验正念的那几天，我的话少了、杂念少了、饮食清淡了，身体更加清爽，精神也更加专注。我很享受和自己独处的时光，很怀念那种静怡的“存在模式”。

你必须学会在活动中保持静止，而在宁静中保持活力。

——英迪拉·甘地

只有少数的人用自己的眼睛看，用自己的心来感受。

——阿尔伯特·爱因斯坦

冥想和正念其实源自古印度佛教的“禅修”。其中，正念原是作为佛陀“八正道”之一被当成一种教义和方法，用来缓解修行人的苦楚，从而达到“由静入定，由定生慧”的境界。在现代社会中，禅修已经摆脱了纯粹的宗教意味，而成为人们调节生活压力、改善生活质量的一种方式。

下面，我们试着做一次“正念”练习吧，只需 10 分钟。

找到一个舒适的地方，保持身体的安静和稳定。

把注意力集中在一个特定的对象上，例如你的呼吸或者身体某一处的感知。

对觉察到的任何现象，保持开放的好奇心：留意自己的注意力，当它被带走或漂移的时候，再慢慢地把它拉回来，集中在那个特定的对象上。

这个练习可以帮助我们提高对身体感受的觉知，对自己身体乃至情绪的变化更加敏锐，同时也可提高我们进行清醒觉察的能力。

重构原生家庭

原生家庭，是指我们从出生到 18 岁之前生活的家庭。在耳濡目染中，我们的人生观、价值观，如何应对压力，如何处理矛盾，如何看待金钱、友谊、亲密关系，等等，大多是在原生家庭里初步形成的。

职场人际关系中的一些要素：如何有效沟通、如何激励伙伴、如何化解冲突……探至深处，我们发现，很多行为方式也都来自原生家庭。原生家庭既给予我们许多“正向资源”，也会带来一些“卡点”和“盲点”。

在原生家庭中浸染18年，我们在应对压力、面对权威或者管理冲突时，经常是头脑中还没仔细思考，行为已经“自动化”地发生了——爆发了被压抑的情绪（愤怒、不安、委屈等），开启了惯性的思维模式、沟通模式，等等。

在新地制药的这一周里，投资顾问Rina面对三类人，听到了不同的声音：

人力资源总监Anna说：“公司创立13年来，只有4个人做满了3年，整个团队如走马灯一般，人员流失率在65%以上！”

“流失率这么高！你们新地前几年的业绩不错，我们才投资的。”Rina吃惊之余坦诚地说，“既然都是一家人了，说说到底是什么原因。”

一番深入沟通后，Anna的防备放松了下来，说出实情：“我们老板说话特别难听，一点小事会骂半天。而且他特别抠门儿，每次花一点钱都要审半天。”

随后，Rina访谈了七八位管理层，他们聊起CEO都是又敬又恨。敬的是“这位‘技术男神’很拼命，近几年研发出来30多项专利，因此公司的产品特别牛！”恨的是“他看什么都会看到‘阴暗面’，见谁批评谁，我们都在他的‘鄙视链’底端。”“公司就他一个人说了算。最近，他做了几个错误决策后，居然闷在屋子里不见人！”

Rina见到了CEO润生——一个清瘦挺拔、神态疲惫的中年男子。一瞬间，她很难将大家口中的“刻薄男”“霸道总裁”和他联系在一起。

润生郁闷地说：“我们公司的前景很好，员工待遇也比绝大多数的同行都好，为什么我的团队这么不知足，没有一点忠诚度？”

“你知道吗，你的伙伴们对你又敬又恨。”Rina坦诚地望着润生娓娓道来，“他们很钦佩你，很看好公司的产品，但确实与你相处得很不开心。”

润生的身子微微一震，辩解道：“我们核心团队还是挺有默契的，离开的都是一些别有用心的人。”他滔滔不绝地说了下去，他的付出，迈过的一个又一个坎，背叛过他的这个人、那个人……慢慢地，润生垂下了头，“我没有对不起任何人，都是别人背叛我。我为公司拼尽了全力，每天只睡三四个小时，头发一把一把地掉，又有谁理解我、支持我呢？”他的双手握成了拳头。

一双温暖的手伸出，轻轻托住了润生的拳头。润生一惊，抬头凝视着 Rina，听到她缓缓地说 ：“其实，你有很多爱的能量，有很多的担当。只是，这些能量没有流出来，所以别人没感受到。如果你愿意，我可以支持你。”

“我对人比较严格，但用心是好的，创业团队就是要百炼成钢。”润生振振有词。

“你说得有道理，就是太强硬了点儿。”Rina 转而一问，“润生，你跟家里的谁比较像？”

“我爸就这样，他在村里很有名望……但是，他经常指责我妈、我和妹妹们，把我们说得一无是处。”润生突然顿住了，随后叹气道，“本来，我是最讨厌他的，没承想，我也变成了他这个样子。”

“你爸对你们也是有爱的，但或许你们并未感受到。”Rina 轻声地说。

“是啊，我知道我爸不得志，那种苦闷、烦躁就像我现在这样。”

“这些年来，你从一位大学教授转型为企业家，一路打拼下来，的确很不容易。只是公司要更持久地发展，你得改变一下沟通方式，才能聚拢人心。”

“好吧，再‘破壳’一次。”润生的声音里多了一丝亮色。

一周后，润生召集全体员工开了一个“共识会”，在会议结束前，他郑重地跟大家说：“我会试着从‘指责型建议’变成‘建设性建议’，请大家相信我，也给我一点时间。”

一个月后，Rina 问人力资源总监 Anna ：“你们的‘技术男神’最近怎么样啊？”

Anna 欣喜地说 ：“好了不少，团队的人心有些回暖了。他有时还会骂人，还会抠门儿，但次数少多了。”

【“心动”时刻】

经历一次次背叛后，我们会产生强烈的“丧失感”，有的人归咎于自己，有的人迁怒于他人，有的人悲叹于命运，进而影响了自我价值感或人际关系。持续下去，一些抑郁症状也会越来越明显：自我否定、情绪低落或易怒敏感，对周围的人和事物产生抗拒。

此刻，请你试着觉察一下：

- 我经历过什么“背叛”？
- 当时对我的冲击是什么?
- 我是如何走出来的?
- 我从中学到了什么?

上文中润生讨厌父亲，但却变成了他的样子，这种觉察虽然有些痛心，但极其宝贵，这是领导者改变和成长的第一步。

在潜移默化中，原生家庭对我们的影响非常强大，有些我们意识到了，有些却浑然不觉，这些影响对我们的情绪管理、人际关系，乃至一些关键的抉择起着举足轻重的作用。好在，一旦有了觉察，就有了转化的可能，尽管这个转化的历程并不容易。

此刻，请你轻柔地问自己几个小问题：

- 我从父母身上获得的宝贵品质是什么?
- 我在原生家庭中获得了哪些“正向资源”？
- 我从原生家庭中继承了什么“不良资产”？
- 未来，我可以添加或者改变一些什么?

【“行动”时刻】

重构原生家庭，从现在开始吧。

第一步，觉察。请写下：

- 我从原生家庭中获得的“正向资源”是什么?
- 我的原生家庭给我带来的负面影响有哪些?

第二步，感恩。温柔地念出来，在生命中给予我滋养的亲人：

- “爸爸，谢谢你给了我 ××”
- “妈妈，是你让我学到了 ××”
- “××，感谢你给了我美好的 ××”

第三步，成长。我有能力、有资源“添加”一些新的要素，例如：

- “爸爸，我会保留您的高要求，但会添加对别人的‘同理心’和‘耐心’。”
- “妈妈，我会像您一样热情，只是，在做决定前多一些冷静的思考。”
- “××，我会热心地帮助朋友，也会尊重彼此的选择，把心放宽些。”

裂缝中的光

26 岁，正值职场的蓬勃成长期，而突如其来的怀孕，把 Kate 和先生“打”了个措手不及。Kate 与先生都来自农村，两个人工作才 4 年，收入加在一起还不到一万元，要想在广州这个大都市安家着实不易。原先，他们计划着先筹够房子的首付，等 30 岁再要孩子，可现在……一切计划都被打乱了。

Kate 是一个敏感、细致、控制欲很强的人，而“理工男”的先生也是一个严谨、强势、不善于沟通的人。孩子的提前到来，让这对小夫妻手忙脚乱。

Kate从小穷怕了，她把钱看得很重，现在怀孕了，不光养孩子要花一大笔钱，工作还会受影响。更何况，孩子出生了，谁来带呢？

Kate的身体比较弱，生产前吃尽了苦：每天都有几次痛不欲生的宫缩，生产时又因为产力不足，前后折腾了8个多小时，打了7瓶催产素……产后好几周，Kate都下不了床。在她最需要呵护和理解的时候，老公很不耐烦家里的一片狼藉，居然抱怨道：“为啥中国女人要坐月子，你看人家西方女人……”“别人三四天就下床了，就你娇气！”

更加煎熬的是，孩子夜里常哭闹，“在女儿一岁前，我几乎没怎么睡着过。”Kate提起那段痛苦的哺乳期，至今还有悲情，“好几次，我晚上喂完奶，用头猛撞墙，真想一死了之。我甚至想了好几种法子，想死得体面些。”

“但是歪头一看女儿，看着她胖乎乎的小脸，我实在不忍心。”Kate粲然一笑，“没妈的孩子是棵草，我可舍不得让我家的宝贝成了草。”

长期的心情压抑和睡眠不足，加之在生活习惯、养育孩子等问题上Kate与婆婆产生了巨大分歧，Kate免不了要跟先生抱怨一番，可先生却当起了“缩头乌龟”，能不说话就不说话，能躲就躲，经常借故加班到很晚才回家。

一天，Kate无意间在手机上看到一篇文章《你抑郁了吗？ 10道题快速检测》，于是，她好奇地做了测试题，居然有7项都符合症状！

Kate从小就对父母报喜不报忧，所以她糟糕的状况家里人并不知晓。直到有一天，实在忍不住的Kate在电话里跟姐姐吐露了几句，姐姐以为她只是因长期失眠而导致脾气暴躁，于是劝她去看看神经内科。

为了孩子，Kate接受了姐姐的建议，去寻求医生的帮助。Kate是幸运的，她找的刘大夫不仅是神经内科专家，还是一位心理治疗师。在他温暖的鼓励、耐心的倾听下，Kate吐露了心中的苦闷和绝望。“你目前的状况比较常见，许多年轻妈妈在产后都会遇到失眠、焦虑或抑郁这些问题。”刘大夫温言安慰她，“我们先从睡眠开始治疗吧。”在医生的帮助下，Kate通过半年的药物和心理治疗，生活进入了正常的轨道。

可是一波三折，正当 Kate 的脸上开始浮现出一些笑容、家里的争吵越来越少时，又一次冲突猛然爆发。春节到了，为去婆婆家还是娘家过年，Kate 和先生大吵一架，她“抛夫弃子”，一路哭着奔回了娘家，抑郁症又卷土重来。Kate 回到家之后，不言不语，每天除了默默地吃三顿饭，其他时间都闷在房间里蒙头大睡，不断被噩梦、轻生的念头缠绕着。实在熬不过去了，她才拿出抗抑郁药控制一下。

“妹妹怎么了？”细心的姐姐偷出来 Kate 的药瓶，在网上查了一下，大惊——原来妹妹得了抑郁症！为了不让父母担心，姐姐让 Kate 到她家里去静养。在家人的陪伴和照顾下，一个月后，Kate 逐渐减轻了药量；三个月后，她的睡眠恢复了正常；半年后，Kate 再也没有了轻生的念头。

在家休养 8 个月后，Kate 返回广州继续工作。幸运的是，“自助者，天助之”——在 28 岁那年，Kate 碰到了她的人生导师 Celin。Celin 是一位优雅而睿智的职场女性，同时，她还是心理学硕士。

“与 Celin 共事的两年，是我生命中最美好的岁月。”Kate 提起自己昔日的上司，一脸阳光，“那时，公司进行集团改革，我跟着她经常加班到 12 点左右。因为住得比较近，有时 6 点左右下班，我们就步行一个多小时回去。一路上，我们从职业困惑、生活琐事到人生理想，无所不谈。Celin 教会了我乐观和包容，也让我在为人处世上更加灵活。”慢慢地，Kate 包容了自己与他人的不足，不仅在职场中一帆风顺，在家庭里也有了更多的甜蜜。

【“心动”时刻】

万物皆有裂缝，那是光照进来的地方。

——莱昂纳德·科恩

生活总是让我们遍体鳞伤，但到后来，那些受伤的地方一定会变成我们最强壮的地方。

——海明威

生为人母，经历了生命中最痛楚、也是最甜蜜的阶段后，我们获得了哪些“光”？我们因此有何不同?

产后抑郁症对许多女性而言，是一个严峻的生命考题。目前，产后抑郁症的确切病理机制尚不明确，但有两点值得注意：

其一，生育后，女性的雌性激素急剧下降，很可能与抑郁症状的发生及发展相关。

其二，遗传因素及社会因素的影响。社会因素包括：社会支持水平低（包括亲人、朋友、同事等）、婚姻状况困难，涉及亲密伴侣的暴力（肢体和语言暴力）、既往被虐待及负性生活事件，等等。

在上文案例中，Kate自抑郁症之后成长了一大截，生命中有了更多明朗而智慧的光。幸运的是，Kate自己主动地探寻和求助，更值得感恩的是，她遇到了三位重要的支持者——温暖体贴的姐姐、值得信赖的刘大夫，以及职场中的人生导师Celin。

【“行动”时刻】

陈群大夫的专业视角：

产后抑郁症也是一种常见的抑郁症，它是一种致残性、可治疗的生育并发症，对母亲、婴儿及其家庭均可能造成沉重的影响。

其一，约70%的新妈妈存在轻度的抑郁症状，民间称为“婴儿忧郁”（Baby Blues），在产后2~5天达到高峰，典型的症状包括哭泣、悲伤、心境不稳、易激惹和焦虑。“婴儿忧郁”并不显著影响作为母亲的功能，也不伴有精神病性特征。一般而言，这些症状在两周内即可自发缓解，但也有些个案迁延为产后抑郁症。

其二，新妈妈如果患上“产后抑郁症”，其治疗原则同抑郁症类似，一般视症状及功能受损的严重程度而定。但营养、规律性锻炼，以及足够的睡眠是临床治疗的基础。

其三，药物治疗（SSRI 通常为一线治疗）推荐用于严重抑郁或非药物治疗应答不佳者。药物治疗应持续至少 6~12 个月，以降低复发风险。大部分 SSRI 在乳汁中的药物水平不及母体的 10%，母乳喂养对于健康的足月儿而言，总体是安全的。

其四，建议患者在抑郁症状重现时，再次寻求心理医生的帮助。

【再回首·本篇金句】

- □ 拖延、焦虑、抑郁，这些看似负面的心理状态，其实背后都蕴含着自我成长的渴望。
- □ 当我们被拖延、焦虑或抑郁等情绪困扰时，最容易的缓解方式就是“寻找外因”……但其实，向内看，探寻和激发“内在资源”——心智成长是一条更有希望的道路。
- □ 面对的无论是“大石头”还是“小石子”，请你列出一两个来，在自己最清醒、最有能量的时刻，向它们进攻。手比头高，真的撸起袖子干起来，So easy（好简单）！
- □ 焦虑是人类存在的根源之一，也是人类奋进的重要动力。
- □ 抑郁抱住“过去”不放——“我有没有价值？”“我没做好！”“我失去了什么？”
- □ 焦虑则与“未来”相关——“我能不能做好？”“目标能否达成？”“会有什么意外？”
- □ 抑郁症最重要的转折点，是主动寻求帮助。只要你开口说“我最近有点儿不对劲，你能帮帮我吗？”转机就开始了。
- □ 在治疗抑郁方面，有四种跟身体密切相关的疗法，不仅简单易行，而且效果很不错：中医疗法（包括针灸和艾灸两大“法宝”）、加强营养（Omega-3）、运动和正念。
- □ 原生家庭对我们的影响非常强大，有些我们意识到了，有些却浑然不觉，这些影响对我们的情绪管理、人际关系，乃至一些关键的抉择起着举足轻重的作用。

【参考文献】

[1] 麦基卓，黄焕祥 . 懂得生命 [M] . 陶晓清，等译 . 深圳 : 深圳报业集团出版社，2013.

[2] 李・戈德曼 . 反本能生存学 [M] . 刘洲，译 . 北京 : 中信出版社，2019.

[3] 简・博克，莱诺拉・袁 . 拖延心理学 [M] . 蒋永强，译 . 北京 : 中国人民大学出版社，2018.

[4] 大卫・塞尔旺—施莱伯 . 痊愈的本能 [M] . 黄钰书，译 . 北京 : 中国轻工业出版社，2006.

[5] 贾妮思・马图雅诺 . 正念领导力 [M] . 陆维东，鲁强，译 . 北京 : 机械工业出版社，2018.

第四篇

复利，打造「四大资本」

$1.01^{365} \approx 37.78$

$0.99^{365} \approx 0.026$

看到以上公式，你有何感想？

每天多 1% 比每天少 1%，一年下来，居然相差 1453 倍！

这或许是最励志也是最警醒人的两个公式了，其间蕴含的就是“复利”的概念——所谓“利滚利”。爱因斯坦曾经说过：宇宙间最大的能量是复利，世界的“第八大奇迹”就是复利。

依照下面四种经典的复利模式，觉察一下，你的人生状态经常停留在哪里？

每天毫无长进：1.00

每天进步一点点：$1.01^{365} \approx 37.78$

每天退步一点点：$0.99^{365} \approx 0.026$

三天打鱼，两天晒网：$(1.01^{3} * 0.99^{2})^{73} = 2.04$

想必大多数人都会徘徊在第四种状态——微小而不持续地进步着。

少之又少的人能坚守在第二种状态——成为卓越者或成功者。

而每天毫无长进者或者持续堕落者，并不多见。

先说说一位“复利神人”村上春树。这位日本后现代主义作家，每天坚持凌晨4点起床写作，每天写4000~5000字，一坚持就是35年。还是这位村上君，每天坚持跑步，从夏威夷的考爱岛到马萨诸塞的剑桥，从日本的铁人三项赛到希腊的马拉松，他跑了将近40年。于是，专业的复利、健康的复利、声望的复利接踵而至。

再聊聊咱们的“百岁人生”吧，如何借助时间这个“朋友”，让自己的生活和事业也享有复利之美、之丰盛回报？

在本篇中，我们将从“四大资本”（人力资本、社会资本、心理资本和金融资本）展开，细数其中的核心点。不必多，在每一项资本中，你只要挑选一两点，时不时地提升自己，在几十年岁月的催化下，也能产生惊人的复利效应。还记得吗，一年中即使“三天打鱼，两天晒网”，还能产生2.04倍的结果呢！

不论你是在“第一曲线”的主航道上奋勇前行，还是在“第二曲线”的快速路上另辟蹊径，只要持续增值这“四大资本”，你的职场和人生画卷将“万紫千红总是春”。

第9章 人力资本：你擅长什么

走向“专业主义”

挥洒“组合创新”

树立“权威感”

打造“稀缺性”

走向“专业主义”

思诚在一个在很稳定的国企工作了近二十年，做人事管理和行政后勤，事务烦琐、经常加班，但几乎没什么上升空间。

“这些年来，我越来越厌倦这种单一的生活。但是你问我到底要什么，一时还说不清楚。”思诚面对职业生涯教练Steven，说出了心中的苦恼。

Steven带着思诚做了一段对未来的冥想，慢慢地，思诚的脑海中浮现出了几个词：助人、成长、自由。

“假如做一两件能助人的事，也对你的成长有意义，那会是什么？”Steven问。

“为团队做培训、做心理咨询。”思诚转而说，“但这个目标似乎太遥远。”

“假如在未来，这两件事情你做得游刃有余，就像登到山巅，有种‘一览众山小’的感觉。”Steven向远处指了指，仿佛指向一座山，“到山顶算10分，现在你有几分？”

“最多只有 3 分吧。”思诚有点泄气。

“还不错，说说看，那 3 分是什么？”

“我比较好学，一直在看心理学和管理学方面的书，但总是不系统……”

“咱们先放下‘但是’，专注于已经有的那 3 分，好吗？”Steven 温和地鼓励他。

“我做事很认真，总是希望做到最好。”

“所以啊，你容易着急、沮丧，总看到自己不好的地方，总是有很多‘但是’。”

“我很着急，总找不到一条清楚的路。”思诚点点头。

“我们看看，要到达那座山，你还需要加一点什么？”

“系统的专业知识，更多的实战经验，还有相关的人脉。”思诚一一罗列出来，看得出来，平时他对此思考得蛮多。

“好，我们把这三方面列出来，带着你的‘好学’和‘认真’继续走下去。”Steven 在纸上画了三条路，通往远方那座雄伟的山。思诚想了一阵子，继续补充道，“我可以挑选一个心理学流派，不光要系统地学下去，还要和同学们多演练、多实践。”

“很好，越来越聚焦了。还有吗？”

“我应该找一个团体，或者平台，更多地结交专业人士。”

“还有吗？”Steven 接着问。在一次次更细致的探寻下，思诚的思路越活跃，一串串火花迸发出来。

“思诚，我们总结一下吧：你准备什么时候开始啊？每周要做什么呢？假如做到了，怎么奖励自己呀？”Steven 温暖地鼓励着，思诚的行动计划越来越清晰。

在随后的两年中，思诚上了中科院心理所的“心理资本”研修班，考了国家二级心理咨询师证书。同时，他在一家心理机构做义工，还为一家心理学培训机构做助教。

又过了几年，一天，Steven 接到思诚的一个电话，“你愿意参与我们的一个研究项目吗？是中德的‘母婴依恋’调研。”“不错嘛，已经进入国际化项目了。”Steven 很惊喜。两年后，一本由思诚参与翻译的大部头出版了——《依恋与成长》，同时，他和朋友开了一个心理咨询室。

一天，Steven 去思诚的办公室谈事，他环顾一周，从琳琅满目的证书、牌匾中依稀看到了思诚“登山”的步履。忽然间，他想起了电影《绝命海拔》中的一个场景：

“为何登山？”一位记者不解地问几位登山者。每次耗资 30 多万美元，冒着生命危险，一次次去攀登珠穆朗玛峰，有的人并非职业登山者，只是业余爱好者。

“因为，她——就在那里！”沉默良久，几位登山者不约而同地说。

【“心动”时刻】

在《专业主义》一书中，日本管理大师大前研一先生提出，专家要控制自己的情感，并靠理性而行动。他们不仅具备较强的专业知识和技能，以及较强的伦理观念，而且无一例外地把顾客放在第一位，具有永不厌倦的好奇心和进取心，严格遵守纪律。

细细分解一下，“专业主义”包括六大要素。

其一，讲求伦理。在西方的语境中，专家“professor”这个词源本是“Profess”，意思是向上帝发誓，以此为职业。正如医护人员要救死扶伤，对人的生命负责，法官要匡扶正义，律师要捍卫权利，教育者要博爱育人。

其二，遵守纪律。团伙与团队有何差别？前者，一伙人为了某些利益或目的，聚众行事。后者，一批人有清晰的目标、合理的分工与协作，按照时间、标准、流程去完成一项任务或推进一个项目。

其三，顾客第一。如今，我们不仅要考虑自己的顾客，还要通过考虑顾客的顾客，从而，为我们的直接客户提供更独特的价值。

其四，专业知识和技能。大前研一先生在书中坦言："不断学习、乐此不疲。对能够称之为专家的人而言，是不存在'退休'这个概念的。"

其五，控制情绪。职业化的过程，就是克服情绪、拓展思维，去完成"我应该做的事"，而不仅仅是做"我想做的"。

其六，好奇心和进取心。对新事物充满好奇的开放意识、学习精神，才能在职场中持续精进，具有所谓的"工匠精神"。

【"行动"时刻】

其一，对照一下"专业主义"的六个维度，我擅长的是什么？

其二，找出自己最薄弱的 1~2 项，提出改进思路。

其三，列一张表格，做一个简单而聚焦的行动计划（见表 9-1）。

表 9-1　走向"专业主义"（例行的行动计划）

类别	改进内容	做法	时间
管理好情绪	减少每周发脾气的次数：从 4 次减至 2 次	反思和行动： 1. 为何发脾气？ 2. 除了发脾气，还有什么方式能达成目标？	3 月 15 日开始
提升专业技能	加快"学以致用"的能力	听两个主题的微课，整理成主题 PPT，与朋友或同事分享	4 月
增强专业知识	每月读 2 本专业书籍	写读后笔记（一页纸）	4 月

挥洒“组合创新”

我的第一份工作是在《中国民航报》当记者和编辑。当时，这份职业不论从哪个角度看都是一座“宝山”：收入不错、职业稳定而光鲜，还能经常坐着飞机四处跑。

然而，置身于众多人大新闻系毕业的师兄师姐、复旦新闻系毕业的领导、一位思维活跃的武大新闻系毕业的同伴中，我突然发现自己写作没灵感、说话没底气、人情世故又不太明白。记得我花了一晚上苦思冥想地“挤”出了一篇新闻稿交上去，却被总编不屑地斥责：“这就是你们人大新闻系的水平？！”深深的自卑和不安让我在第一年抬不起头，活脱脱一根没精神的“狗尾巴草”。

苦闷并努力了一年多，我失望地发现自己怎么也超不过身边的同龄人：王萱写稿充满了诗情画意，珍红写稿大气磅礴，小谢的文章充满了乐趣，只有我……

从“失望”慢慢滑向“绝望”的时候，我无奈地做了一个选择——多找点活儿干吧。于是，我主动接下“国际版”的稿件整理、翻译和编辑工作，活儿很杂，更痛苦的是，我的专业词汇和专业知识少得可怜。于是每个晚上，我翻开几本厚厚的英文字典，第一遍，先把稿件里不会的词都查出来，然后，一句句地翻译成句子；第二遍，查询专业注解，力求用词准确；第三遍，润色语句，力求文风通畅；第四遍，精心编辑——提炼要点、拟定标题，添加评论……一篇文章忙活下来，需要三四个晚上的工夫。

翻译了三十几篇文章后，我心中有了一点底，脑子也活泛了，“除了翻译杂志上的稿件，为何不直接去采访国外的航空企业呢？”于是，我先拟定了两三个选题，随后找出大黄页，挑出 30 多家航空公司、航空机构的驻中国代表处逐一打电话约访谈，我的邀请居然很受欢迎。要知道，在 20 世纪 90 年代末，中国民航业刚刚蓬勃兴起，国际化交流日益频繁（作者注：2001 年中国正式加入世界贸易组织）。

于是，我怀揣采访本，操着一口蹩脚的英文，四处拜访国内外专家，最终推出了一系列新颖有趣的国际报道——《外航在中国》《国际航空 MBA 翩翩入华来》《解密 BSP（国际销售结算系统）》《漫谈‘常旅客计划’》《一网情深——中国民航的网盟‘全家福’》……不仅结交了几位“贵人”和“忘年交”，还顺带着读完了国际航空 MBA。一年多以后，灰突突的“菜鸟”长成了绿莹莹的“翠鸟”，洋溢着自信与活力，穿梭于民航业的经营、管理和高科技领域。

最让我感慨的是，当我向总编申请开一个“视野”专版，进而独立运营一个子刊物时，总编一贯冷冷的、挑剔的眼神中漾起了一丝温暖的笑意，他笑道：“好丫头，胃口越来越大了。好——去闯闯吧！”

【“心动”时刻】

创新是什么？就是“旧要素的新组合”，经济学家熊彼特可谓一语中的。为了证明这个观点，他还用了物理学中的“还原论”来解释说明：

第一步，万事万物都可以拆分为基本要素；

第二步，拆分之后再重新组合，成为新结构、新产品。

职业生涯的组合创新，就是职业“基本要素”的各种新组合。我们从上文案例中看一看。

第一步，我的职业“基本要素”可以拆分成四个：写作能力（一般）、英语能力（中下，只有大学英语四级考试的阅读水平，听说能力都很弱）、策划能力（较好）、沟通能力（较好）。

第二步，将“基本要素”重新组合。之前，我按照报社的规定写“国内报道”，只运用了自己的两项“基本要素”：较好的沟通能力和普通的写作水平，因此，把自己憋得死去活来，也就写出几篇干巴巴的“好人好事稿”，毫无竞争力可言。后来，我发挥了四大“基本要素”的组合优势——从国外引进新的经营、管理和科技理念，再跟踪报道这些创新举措如何在国内“落地生根”，因此，视野越来越广，思维越来越活跃，“菜鸟”得以一鸣惊人。

【“行动”时刻】

也邀请你快乐地“组合创新”一下吧。

其一，你希望在哪些方面有所突破?

其二，拆解、罗列一下自己有竞争力的“基本要素”。

其三，试着重新组合一下“基本要素”，搞出个新东西!

》树立“权威感”

权威的确有强大的影响力！在《影响力》一书中，作者描述了一个噩梦般的“记忆研究”实验。一位主持实验的研究人员，要求40位志愿者严格监督一批“学习者”，志愿者的任务是每当“学习者”在答题中出错，他就用越来越强的电流电击“学习者”。尽管志愿者们内心紧张和惶恐，但一个个俯首听命，将可怕的电压源源不断地升高：50伏、75伏，90伏……最后，居然有人飙升到了300伏！尽管在此期间，有的志愿者惊慌失措，有的很想停下来，但是，最终2/3的人还是听从了权威者的指令。

“即使是具有独立思考能力的成年人，也会为了服从权威的命令而做出一些丧失理智的事情来。”罗伯特·西奥迪尼在《影响力》一书中严肃地指出。

“权威感”来自使人信从的力量和威望，我们既可以利用权威感去操纵他人，也可以通过树立权威感来影响他人。有三种方式可以快速地建立权威感。

其一，头衔。在众多消费品广告中，不论是某牙膏产品中的“牙博士”，还是某健康产品中的“国际专家”“中医世家”，都会增强消费者对该产品的信赖度，尽管尚不清楚对方的头衔是否名副其实。

在某知识付费平台上，商家推出了一批资深的“职业导师”：宝洁公司前市场总监、新媒公司 CEO、北大国际 MBA 职业导师、中科院“前沿交叉学科”讲师，等等。最初，哪位导师更容易吸引学员呢——拥有组织公信力、品牌力的头衔，来自例如北京大学、中科院的导师。随后，读者通过阅读文章、收听网络课程，将他们外在的头衔与内在的学识结合起来，某位专家的“权威感”就在人们的心中越来越扎实了。

头衔或许是一个美丽而脆弱的“泡泡”：你在一个组织中获得的头衔，有可能为你带来“权威感”或“可信度”，但是当你离开组织、自行创业，或开启职场“第二曲线”时，往日的光环大多消散。此时，只有你的能力、创造力和人格魅力才是“硬核实力”，才能助你再次树立“权威感”。

其二，衣着。如果你去两家公司面试时，一位面试官穿着牛仔裤和 T 恤衫，一位穿着银灰色的西装，你更容易相信哪一家公司？大概率会是后者，除非前者是一家著名的互联网公司或创意类企业。在文化传统中，剪裁合体的西装总是与“权威感”联系在一起的。在不同的场合，见不同的人，达成不同的目标，几种因素你都要斟酌一下，才能巧妙地借助“衣着”提升“权威感”。

其三，口号。《乌合之众》这本书中提道，群体总是无意识的，但“群体无意识”的状态中却蕴含着强大的力量。“群体的情感容易急躁、冲动，易受暗示和轻信他人，极富想象力。”因此，一个领导者或一个组织，如果能提出一些简洁有力、朗朗上口的口号，激发对一些美好的形象或愿景的想象，就能建立起令人心悦诚服的“权威感”，例如：

“没有最好，只有更好！”

“只争朝夕，不负韶华！”

“让天下没有难做的生意。”

“中国需要德先生和赛先生。”

【“心动”时刻】

关于“权威感”，我们可以从三个视角来觉察一下。

- 我容易受哪一类“权威”影响?
- 我如何树立自己的“权威感”?
- 我如何不被“权威”所控制?

警惕“权威”，同时树立“权威感”，思辨力与影响力可谓一体两面。

其一，这个权威是不是真正的专家? 有什么证据吗?

其二，这些证据与我们关注的问题是否相关?

其三，我们要对这个权威相信到什么程度?

【“行动”时刻】

在日常生活和工作中，先思后行，可以更好地建立“权威感”。

- 在我所在的领域中，我可以为自己添加哪些“头衔”?
- 在不同的场合、针对不同的目的，我应该如何着装?
- 我如何提炼自己的核心优势，并生动地表达出来?

打造“稀缺性”

几年前，当北京大兴机场的建设规划公布时，河北附近的楼盘顿时紧俏起来，已然退却的购房狂潮再度涌动起来。在一次朋友聚会中，一位银行的分行长建议："我们组个团去河北买房吧，我知道两个不错的楼盘……"大家聊了一阵子，立刻就约好两天后交3万元订金，一个星期后组团奔赴河北，等开盘、挑房型。我后来在外地出差，交了订金，但没时间去抢房。在微信群里，我好奇地关注着大家的抢房盛况和心得："买200多万元的房子跟抢购白菜似的！"

一个楼盘开盘前、一款手机发布前、一场流行音乐会开幕前，人们或焦躁不安，或兴奋不已，似乎失去了往日清醒的思考力和自制力。在《乌合之众》一书中提到，群体的"共同意志"悄然取代了"个人意志"，使个体在无意识的自觉状态下，顺利地完成了由"外"而"内"的转变，进而形成了"群体无意识行为"，虽不理性，但有其必然性。

我有位朋友陈教授曾讲述了他在高校工作时的一则趣闻：一天，校长和书记请他吃饭，他很开心，以为是他多次提出的教改方案有回音了。席间，校长不经意地问了一句："陈教授，听说——您要离开学校？""谁说的？"我一惊，随即解释道，"没有的事啊，我只是应邀做了两家公司的管理顾问。最近一段时间，我一直在想着怎么改进教学内容呢。""那就好，那就好！"校长的语气轻松起来，书记又嘘寒问暖了一番，根本没提任何教改之事。陈教授问了两次，领导们都温言道，这个议题很重要，但是会牵涉很多人的利益，我们慢慢再商议。一顿饭下来，陈教授从欣喜转为失望，反而动了跳槽的心思。

在《影响力》一书中，关于"短缺"问题提到两点。

其一，害怕失去某种东西的想法，比希望得到同等价值东西的想法，对人们的激励作用更大。"独家出品""数量有限""放映期即将结束"等广告语是商家常用的方式。因为，与人争夺稀缺资源的感觉很刺激！

其二，不要让对方特别快地看到、得到我们想销售给他的东西。拖延一段时间，一旦他获知这个产品的时候，决策速度就会大大加快。在商业谈判、项目竞标甚至求职面试中，此策略经常被采用。

【“心动”时刻】

如何增强你的“稀缺性”，让你在职业生涯中更有价值?

首先，持续地构建“专业池”。找到某个细分领域，不仅深耕，而且持续创新，练就独特的专业造诣。

其次，巧妙地引发“丧失感”。还记得上面陈教授的那个例子吗？“爱一样东西的方法，就是意识到你可能会失去它。”英国文学大师G.K. 切斯特顿曾这样说过。

最后，充满人情味地“连接”。在众多的人际关系、朋友圈中，让自己成为一个暖暖的存在:善解人意地倾听、再倾听，偶尔回应一两句、指点一两招。

在《硬球》一书里作者提到，“零售策略”比“批发策略”要更有效。所谓“零售策略”就是一对一、充满人情味地交流。美国的政客们非常善于利用“零售策略”去影响一些摇摆不定的重要人物。而“批发策略”，则是那些激励人心的公众演讲。看看每次美国大选前，总统候选人马不停蹄地奔波于各州的演讲活动中，你就知道，他们正在纯熟地运用“批发策略”。

【“行动”时刻】

机会越少，价值就越稀缺。我们一起来打造自己的“稀缺性”吧。

首先，一“艺”孤行。大力提升自己独特的专业性，精益求精!

其次，技多不压身。除了一把刷子，还有没有第二把、第三把?

最后，在某些重要场合、重要的人面前，增加点对点的“连接”。

第10章 社会资本：你认识谁

构建你的“三张网”
“强连接”与“弱连接”
获得“社会认同”
善用“互惠原则”

构建你的“三张网”

从社会网络的角度来看，我们身处于“三张网”中。

初级网络：基于血缘、亲缘、地缘，包括你的亲戚、朋友、同学、同乡，等等。即便在现代社会中，由初级网络衍生出来的同乡会、校友会、各地商会依然发挥着连接乡情、拓展人脉的作用。在历史上叱咤风云的曾国藩，24岁时第一次赴京赶考，会试未中，寓居北京的长沙会馆一年多。在此期间，他不仅享受着低成本、浓乡情的学子待遇，还结识了一大批志同道合的朋友，成为他日后事业上的支撑。

次级网络：基于职业、兴趣、居住地而结成的人际关系，这往往是我们所说的“弱关系”——不常见面，但资源丰厚。通过“弱关系”产生的机遇，不仅待遇优厚，而且很可能突破现有的圈层，带来意外惊喜。例如，我曾经参加过一个MBA课程，认识了这个项目的负责人Mandy。几年后，当她与朋友到互联网领域创业时，居然邀请我加盟，“为什么是我？我可没有一点儿行业背景。”我一脸茫然。“因为你读过 MBA，对商业的了解比较全面。而且你敢闯敢干，身上有股子拼劲儿。”Mandy 虽然对我不太熟悉，但从几次见面中看到了我身上的亮点。于是，我们携手踏上了彼此的第一次创业之路。

中心网络：在这张网络中，你是中心人物，为了实现某个目标或愿景，吸引了一批人。尽管在互联网时代崇尚“去中心化”，但是，不论是在专业团体、公益组织中，还是在松散的网络社群中，都需要一两个有能量、有想法的领军人物。从 2013 年至今，我和一批志同道合的朋友先后创建了“中关村心理资本委员会”“心理资本汇”“数字经济委员会”，就是希望以微薄之力，让更多的人获得幸福、健康和成功。

【“心动”时刻】

先盘点一下，你的“三张网”目前是怎样的状况?

初级网络，基于亲情、友情和地缘关系，能带给你心理安全感，但有较大同质性。

次级网络，基于职业、兴趣和居住环境，容易形成意想不到的“弱连接”。

中心网络，可以根据你的心意、目标而构建，但你要为之付出更多的心血。

再反思一下，在你最常关注的三个微信群里：

你认识多少人？和多少人是“伙伴”或“盟友”？

你在其中的贡献是什么？你从中获得了什么?

有多少人认识你、信任你，甚至可以和你合作?

【“行动”时刻】

你的精力很宝贵，算好了再用。

1．将你关注的微信群控制在 20 个以内。

2．增强你在“次级网络”中的影响力。

3．在“中心网络”中起到引领作用。

》“强连接”与“弱连接”

孙洪在某部委的研究所工作了七年，除了跟着领导参加各类项目审核会，跑一些工程项目外，其他绝大多数时间都是趴在办公室里写报告——项目调研报告、审核报告、国内外行业趋势分析，等等。虽说开阔了视野，增加了一些行业经验，但他总觉得自己犹如森林中的一株小草，被压在重重阴影中，他希望有机会独当一面。

“我想找一些新机会。”孙洪跟周围的朋友们聊了起来，他们大多是自己在这几年的工作中结识的。

“去一家工程咨询公司试试吧，他们最近正在招行业顾问。”一天，Emily告诉孙洪，她是一家大型外企的项目总监，曾经向孙洪咨询过几次行业政策。

“我最近跳槽到一家外资银行了，你也可以试试这方面的机会。”孙洪的一位前同事大徐告诉他，他是部里财务处的，两人曾经一起参加过几次项目评审会，吃过两次饭。

面对一下子冒出来的两个机会，孙洪跃跃欲试。经过几轮面试，他终于成功跳到了那家工程咨询公司。更巧的是，他和大徐竟然都在同一幢大厦工作，两人的交往频率高了很多，不是一起约着吃午饭，就是周末一起去打羽毛球。孙洪和大徐仿佛患难兄弟一般，一起度过了艰难的职业转型期。三年后，他们还在一个海外并购项目中合作了一把。

【“心动”时刻】

人际关系可以被分为“强连接”和“弱连接”。强连接就是和你拥有亲密关系的人，弱连接指仅有点头之交的关系。

强连接犹如一个紧密的“圈子”，虽然圈内的人彼此信任、交流频繁，但背景比较相似，难以迸发出新的机遇。而且，圈子和圈子之间存在大大小小的空洞,即“结构洞”。当你走出熟悉的“圈子”,嫁接出一段段“弱连接”时，正好可以填补“结构洞”，打开一片崭新的天地。

在复杂的人际网络里,“弱连接”往往比“强连接”更加重要。理查德·柯克和葛雷格·洛克伍德在《超级关系》一书中提出，通过实验发现：当要完成一项艰难的任务时，泛泛之交者的作用是朋友的三倍。“弱连接最奇妙的是不需要耗费太多的时间和精力去维持关系，却能带来巨大的收获，甚至让你因此获得某类资讯而改变人生。”

【“行动”时刻】

“弱连接”促成了不同群体之间的信息流动。主动沟通、大胆尝试，走出舒适圈，弱连接的魅力才会显现出来。假如你想进行职业转型，可以这样尝试一下。

首先，翻翻你的通讯录，找出 10 个你觉得印象不错但少有联络的朋友，打电话联系一下，问一问他们的近况，也说说自己的近况、想法。

其次，在最近一个月里，带着好奇心，进入几个你不太熟悉的圈子，例如读书会、公开课、户外运动、义工组织，等等，结交几个有趣的圈外人。

最后，你可以更大胆一点，在公司内找机会轮岗，或者干脆换一家公司、尝试一个新行业，开启一段全新的职业旅程。

获得“社会认同”

1858 年，林肯在竞选上议院议员时，曾经在伊利诺伊州南部进行了一次艰难的演讲。在那里，蓄养黑奴的庄园主们对废奴主义者非常仇恨。在演说一开始，林肯说：“南伊利诺伊州的同乡们，肯塔基州的同乡们，听说在场的人群中有些人要和我作对，我实在不明白他们为什么要这样做，因为我也是一个和你们一样爽直的平民，那我为什么不能和你们一样有着发表意见的权利呢？朋友们，我并不是来干涉你们的人，我也是你们中间的一人，我生于肯塔基州，长于伊利诺伊州，正和你们一样，是从艰苦的环境中挣扎出来的……”

2014 年 5 月 22 日，当京东上市的钟声在纳斯达克响起时，CEO 刘强东在内部信中深情地对伙伴们表白：“我更要感恩的是我的兄弟们，当你们抛弃了安逸，卷起袖子和裤腿去干电商中最苦、最脏、最累的活儿的时候，你们没有怀疑、没有抱怨，凭借着永不放弃、永不知足的京东精神，带着京东走到了最高的舞台。”自此之后，对“兄弟”的感激成为京东内部信中最有人情味的一部分。据 AI 财经社的不完全统计，自京东上市至 2018 年“618”前夕，刘强东在 7 封内部信中提到了 45 次“兄弟”。没有背景、没有资源，全靠白手起家、努力拼搏——这既是京东 18 万名快递员的底色，也是创始人刘强东引以为傲的本色。

【“心动”时刻】

按照“社会认同”的原理，我们进行是非判断的标准之一就是，看别人是怎么想的、怎么做的，尤其是当我们要决定什么是正确的行为时。

如果周围的那些人与我们有相似性，我们更容易参照对方的观点或行为，做出自己的选择，我们将之称为“自己人效应”。

假如你希望拥有影响力，尤其是在一个陌生群体中，你要和周围的人尽量保持“类似性”——相似的背景、境遇、想法、行为，等等，而不是一再显示自己的“与众不同”。当对方把你归为“自己人”时，才更容易认可你的观点，接受你的请求。“先跟后带”，这是教练技术中的一项技能。

【“行动”时刻】

如何运用“社会认同”原理发挥“自己人效应”？

其一，多关注他人，多感知职场文化。什么叫有文化？不仅是拥有各种学历、擅长各种技能，还要能感知文化，灵活调适。

其二，找到与他人的“相似点”。在心理学的萨提亚模式（一个人本主义心理学流派）中，有一则我最珍爱的信念：我们因相同而连接，因相异而成长。

带着开放、好奇的心态，我们总能找到与人的“相似点”或“连接点”——共同的兴趣爱好、相似的职场经历，甚至一起聊聊曾经经历过的尴尬时刻、惊喜的小运气，都能产生强烈的共鸣。

善用“互惠原则”

最近，我在一个教育培训机构奢侈地消费了一次。一位课程顾问刘老师打来陌生拜访电话，也许是对方温婉的语音、诚挚的邀请（体验一次“一对一”专题网课），也许是新冠肺炎疫情期间我对家里的“熊孩子”有些焦虑，我难得地没有拒绝，愉快地进入了深入了解课程阶段。

加好微信后，刘老师给我和女儿做了一套非常专业的评估题，我很认可她的专业度。随后，刘老师详细地询问了女儿的性格、学习方法，以及对考中学的想法，温和地建议道：“我按照孩子的特点挑选了一位孙老师。为了让孩子感知老师的授课风格，咱们明天安排一次两小时的试听课，好吗？”

我有些犹豫：“明天下午我有电话会议。”

刘老师安慰我："没关系的，咱们可以今天调试好设备，明天让孩子单独跟老师交流就行了。这次课程是免费的。"

我还是有些犹豫，好像占了人家的便宜，随后就必须要买课……

刘老师真是善解人意，她说："没关系的，就算不合适，我们还有其他免费的公开课，我也可以有针对性地推荐给您的孩子。"对方都这样体贴入微了，我还有什么可说的呢？

女儿试听完课程之后，非常喜欢孙老师。考虑到孩子是第一次上网课，我想报名"1 万元"那一档的课程，如果孩子能坚持下来，效果良好，之后再续费。

"您要不要看一下 5 万元那一档，我们有课程里的优惠……"刘老师逐一讲解了几档"网课套餐"。

"5 万元太贵了！再说，我们也不需要这么多课时。"我立刻否决。

温和的刘老师继续说道，"3 万元那一档很合适，可以享受新冠肺炎疫情期间的 92 折优惠。如果孩子学不完语文课，还可以转成其他课程，或者退一部分费用。"我再次被说服，点了"3 万元"那一档。

"我们还会提供小升初的模拟试卷，以及老师的考试指导。"

"这么专业！"我惊叹道。

"需要额外再交 500 元。"刘老师补充了一句。

"好吧。"我很爽快地答应了，3 万元都交了，500 元算什么！

【"心动"时刻】

在上文的对话中，课程顾问老师充分利用了"互惠原则"和"对比原则"，形成了强有力的"拒绝——退让"策略。顾客先是得到一些好处，随后就容易成交。顾客如果先拒绝，心中会隐隐产生内疚感，随后就会有一些退让，从而达成协议。

"这次课程是免费的。"

“没关系的，就算不合适，我们还有其他免费的公开课，我也可以有针对性地推荐给您的孩子。”

“5 万元太贵了，再说，我们也不需要这么多课时。”

“3 万元那一档很合适，可以享受新冠肺炎疫情期间的 92 折优惠。”……我再次被说服。

在课程顾问温和而有力的攻防间，我坚守了 6 年“不让孩子上补习班”的心智模式土崩瓦解了。我心中没有反感，反而有些温暖的感慨：给予顾客一些好处，引发其内心的一些内疚感，是最好的销售利刃。

“互惠”原则是指利益或特权的相互让与。在《影响力》这本书中提到了影响人们决策的六大原则，其中一条就是互惠原则。简而言之，我们的社会文化让我们在潜意识中具有这样一种观念：对方给了我们什么好处，我们就应当尽力回报，所谓“礼尚往来”“投桃报李”。在互惠原则下，人们一般都是共赢的。但在有些情况下，也不一定会共赢，请大家要特别注意两种情况。

其一，强加的恩惠。假如一个人硬塞给我们一些好处（尤其是我们不需要的好处），进而触发我们的亏欠感时，一定要心生警惕。

其二，触发“不对等交换”。有时看起来好像是对等交换，至少大致对等，但实际上恩惠完全可以“以小换大”，尤其是某些别有用心的人善于先施人恩惠，再操纵他人。

【“行动”时刻】

在运用“互惠原则”时，不妨心胸开阔一些，风物宜放长远。

首先，你是真心愿意“分享”或“给予”对方一些好处。

其次，相信人性本善，你敬我一尺，我敬你一丈，不要太着急。

最后，给予要有分寸，过多的给予会引发对方的愧疚乃至怨恨。

第11章 心理资本：你有几多能量

希望：意志与途径

自信：自我效能感

韧性：心理弹簧

乐观：开心一释

幽默：会心一笑

心理资本，是指个体在成长和发展过程中表现出来的一种积极心理状态。

中国的神话故事里充满了浪漫主义和英雄主义精神，充分具备了心理资本的特征。随手拈来几则大家耳熟能详的故事吧。

愚公移山——希望。不论目标多么宏大，都以大无畏的精神持续奋斗。

大禹治水——自信。振臂高呼，聚集众人能量，驯服大自然的滔滔水患。

精卫填海——韧性。不论自己的力量多么弱小，一如既往地努力着。

女娲补天——乐观。天漏了，没什么大不了的，炼些石头补补就是！

神笔马良——幽默。一个勤奋的天才少年，得了一只神笔，不仅给穷人带来了希望：画来犁耙、耕牛、水车、石磨……还运用画笔之神，轻轻巧巧地惩治了恶霸，维护了正义。

“得意淡然，失意泰然。”明朝学者崔后渠的这句名言，传神地描绘出了在顺境和逆境中应有的心态。

“近日寻春不见春，芒鞋踏破岭头云。归来笑拈梅花嗅，春在枝头已十分。”当我们在物质世界中奔忙时，别忘了，内心世界的恬淡和宁静才是幸福的源头。

》希望：意志与途径

Thomas 一往无前的跳槽故事，至今还是我生命中最重要的一课。

20 世纪 90 年代初，在国际航空 MBA 高强度的课堂上，我被七八位外国老师猛烈“轰炸”了几个月后，终于见到了一张中国面孔的老师——真诚、谦逊，总是带着暖暖的笑意——身材高大、面容俊朗的周先生开门见山：“我是 Thomas，今后几天我将和大家一起学习航空市场营销。”

随后，Thomas 开启了一个个生动的案例：国泰航空的常旅客计划、新加坡机场的高效管理、泰国航空的客户体验，抛出来一个个有趣的提问：“公务客为何要加入你的常旅客计划？”“在你的市场联盟里，除了航空业，还可以增加哪些战略合作伙伴？”“乘客在国际航线上有哪几个痛点，你有什么新思路？”以往一片安静的“荷塘”在 Thomas 的引领和激发下，变成了热烈讨论、创意连连的“热土”。更惊喜的是，学员们用心分享后，时常收到有趣的小礼物——巧克力、蹦蹦豆、小糕点等。

中午，我黏着 Thomas 一起吃午饭，对他充满了钦佩与好奇。下午课后，Thomas 要去商场买第二天的课堂小礼物。“Thomas，我也去吧，我能帮您拎东西。”我抓紧每一分钟跟着他，探寻他的奇妙人生，“您是怎么进入国际航空协会的？”

“我是硬生生挤进来的！”Thomas 笑着说，“刚毕业几年，我在大学里教地理。有一年，我去美国西雅图看望朋友，有机会来到波音公司的总部。在停机坪上，望着雄伟挺立的波音 747，我彻底被震撼了——居然有这么厉害的高科技！于是我下定决心，一定要加入航空业！”

“当时谁帮您转型的？”我很好奇。

“没人帮啊，我回到香港后很发愁，自己在航空业没有一点儿门道，怎么进去？无意中，我看到香港机场在招聘行李搬运员。我身高体壮，搬行李还是没问题的。”Thomas 望着我满脸愕然的样子，微微一笑，“我隐去身份，自称是从大陆来讨生活的，应聘去当了行李搬运员。两个月之后，机场主管把我叫到办公室，责问道：‘我们发现你不是大陆来的，你有正经的职业，为什么要来这里？’他们怀疑我是商业间谍。”Thomas 苦笑道，“我只好坦白，自己特别想进入航空业，但没有任何门路，只能从最底层开始干了。主管很震惊，但还是留下了我。”

“您居然……”我简直难以置信，Thomas 的航空生涯竟是这样开始的。

“胆子大有好运嘛！”Thomas 笑笑说，“两个月后，主管再次把我叫到办公室，他说公司最近要选一批年轻人去国外学习人才培养和市场营销，我也是其中之一。”就这么着，行李搬运员 Thomas 在 4 个月后，摇身变成了“管理培训生”。

在英国学习的一年中，Thomas 把一天当成两天用，除了如饥似渴地学习之外，他又萌生了一个疑问，“为什么国际航协中所有的管理培训师都是西方人，没有一个东方人？”Thomas 又有了新的目标，“我要成为一个有国际化视野的管理培训师。”随即，他拟订了一系列行动计划，其中最核心的是：自己要增加在多种行业的经验，在每家公司工作 5~6 年就要另换一家。

学成回国后，Thomas 先后在香港机场、国泰航空组建了市场部、人力资源部，建立了人才培训梯队。八年后，他毅然放弃高管职位，投身香港无线电台，培养了一批艺人，其中包括周润发（Thomas 的中文名字是周伟堂，他是周润发的二叔)。随后，他又先后加入了酒店业和旅游行业，甚至还去宝马公司当过试车员！

在Thomas立下目标后的十几年,他成为国际航协唯一的中国管理培训师。在随后的30多年中，Thomas在航空、旅游、酒店、传媒广播、汽车销售等行业担任培训导师及管理顾问。他讲授航空公司市场营销、航空公司销售技巧这两门课时，其中的很多案例都是他自己拍摄的。好幸运，我居然能在几年中时常听到Thomas的教诲，不仅在课上，更多的是在课下。

60岁后，Thomas的行程依然丰富多彩：每年有三个月和太太去北欧国家旅行，在大学里进修两门课程；有四个月去中国、南非、东南亚等国讲课、做咨询；还有两三个月，他和太太奔波于中国大陆，参与各类慈善事业，湖南的媒体曾经幽默地报道：“周润发的二叔又来了！”

Thomas是我一生的精神导师，他既温润如玉，又勇敢果决。每每想起他，我都心怀感恩。尽管斯人已逝，但风骨常在、清誉长存。

【“心动”时刻】

心理资本中提到的“希望”包括三个要素。

其一，设立一个具有挑战性的目标。

其二，积极主动地寻找一条或多条路径。

其三，凭借激情、决心和自制力，逐步实现目标。

上文中的Thomas令人钦佩，不仅在于他树立了一个又一个有挑战性的目标，而且，他总是充满激情、一往无前地奔向目标：放弃大学中的教职，从零开始进入民航企业；放弃企业中的高管待遇，一次次进入新领域，积累行业经验，为的是达成最终的目标——成为一位国际化的管理咨询顾问。

在探寻机遇，成功开启职业“第二曲线”前，你应在“第一曲线”上一次次地尝试，拉出一个又一个“小线头”，或许大多数以失败而告终，但是你依然在迷茫和不确定性中寻找希望，探寻新的可能……终于有一天“柳暗花明又一村”！

【“行动”时刻】

“追求卓越，挑战极限，从绝望中寻找希望，人生终将辉煌”——这则“新东方”的校训至今依然印刻在我的脑海中。人生中，绝望的时刻不多，充满希望的时刻却比比皆是，让我们来开启吧。

1．设立一个让你怦然心动的目标。

2．找到至少三种达到目标的途径。

3．选择当下最好的一条路，开始行动！

自信：自我效能感

翻开《红楼梦》，走进大观园，一众青春烂漫、摇曳生姿的女孩儿便映入眼帘。在此，我挑选三位冰雪聪明的女子——黛玉、宝钗和探春，探寻一下她们的“自信指数”。

周瑞家的进来笑道：“林姑娘，姨太太着我送花儿与姑娘来了。”……黛玉只就宝玉手中看了一看，便问道：“是单送我一人的，还是别的姑娘们都有呢？”周瑞家的道：“各位都有了，这两枝是姑娘的。”黛玉冷笑道：“我就知道么，别人不挑剩下的，也不给我呀。”周瑞家的听了，一声儿也不敢言语。

——第七回：送宫花贾琏戏熙凤

来至蘅芜苑中，宝钗便坐了笑道：“颦儿，你跪下，我要审你……你还装憨儿。昨儿行酒令你说的是什么？”黛玉一想，方想起来昨儿那《牡丹亭》《西厢记》说了两句，不觉红了脸。宝钗见他羞得满脸飞红，满口央告，便不肯再往下追问，因拉他坐下吃茶，款款道：“我也是个淘气的。诸如这些‘西厢’‘琵琶’以及‘元人百种’，我们却也偷背着他们看……你我只该做些针黹纺织的事才是……最怕见了些杂书，移了性情，就不可救了。”一席话说的黛玉垂头吃茶，心下暗服，只有答应“是”的一字。

——第四十二回：蘅芜君兰言解疑癖

探春道：“你们别忙，自然连你们抄的日子有呢！你们今日早起不是议论甄家，自己家里好好的抄家，果然今日真抄了。咱们也渐渐的来了。可知这样大族人家，若从外头杀来，一时是杀不死的，这是古人曾说的‘百足之虫，死而不僵’，必须先从家里自杀自灭起来，才能一败涂地！”说着，不觉流下泪来。

——第七十四回：惑奸谗抄检大观园

从上文中看得出，“痴”黛玉表面十分尖刻、孤傲，实则内心充满了孤独与悲凉：我孤苦无依、寄人篱下；没人看得起我，没人真正关心我，我好可怜……

宝钗人情练达，得饶人处且饶人，因而赢得了贾府上下人等的喜爱。她的内心一派持重：重分寸、讲礼仪，非常顾全大局，因而被誉为“识”宝钗。

而“敏”探春呢，敏感且敏锐。她对家族的兴盛衰败看得分明，不仅行事果决，而且志向高远，曾坦言：“我但凡是个男人，必早走了，立一番事业。”

如果从三个视角来评估她们的“自信”：诗才、人际关系和组织影响力，“敏”探春应当拔得头筹，“识”宝钗次之，“痴”黛玉恐怕要落下风了。如果从更深层面的“自我价值感”来看，三位红楼女儿的自信度都不太高：

黛玉自小丧母，漂泊在异乡，总是因为别人的一个眼神、一句话而怒、而悲。

宝钗自小出身商家，试图借助好人缘、好姻缘入选皇宫或嫁入贾府。因而，她终日谨慎有礼，不敢说错一句话，不愿得罪一个人，一股子青春活力要靠“冷香丸”来压制。

而探春呢，她有一位出身卑贱的母亲和一个碌碌无为的兄弟。虽然她深得家中长辈的器重，外在逞强、果断，但内心却始终敏感而脆弱，是一朵碰不得的“刺玫瑰”。

【“心动”时刻】

一个人的“自信指数”经常受以下几个因素影响。

- 是不是身处自己熟悉的某个领域?
- 是不是能迁移一些经验到新领域?
- 是不是容易受他人评价的影响?
- 是不是善于自我接纳、自我激励?

心理学家班杜拉将“自信”称为“自我效能”，是指人们对自己能够完成某一特定任务的可能性的估计。

可见，自信的关键不在于“某一特定的任务”，更重要的是“对自己完成任务的可能性的估计”。自信度低的人，即使面对一件不那么难的任务，也会估计自己挺难实现，从而心中发虚、缩手缩脚；而自信度高的人，即便面对不可能完成的任务，也会为 1% 的可能付出 100% 的努力。还记得《碟中谍》中那句著名的台词吗——“We can do it.（我们能行！）”

【“行动”时刻】

不论你的自信（自我效能）高还是低，都有进一步提升的可能。

1．熟能生巧。在某个领域增强刻意练习，形成自己的核心优势。

2．善于迁移。提炼出自己在某个领域的经验和素质，迁移至新领域。

3．自我激励“3A 曲”：

- 欣赏（Appreciate）自己做到的。
- 接纳（Accept）自己暂时还没做到的。
- 添加（Add）：问自己还可以尝试些什么。

》韧性：心理弹簧

“如果这件事在未来一两年里都不会挣到什么钱，而且离你的目标还很遥远，你还愿意做吗？”“我愿意！”我曾经这么自问自答过几次。

2011 年，当我开始写第一本书时，有人说，“你花这么多时间写书，有谁会给你出版？即便出版了，也挣不着什么钱吧？”我笑笑说：“就算只有我一个读者，自己写着自己乐，也不错。”因为我很喜欢那种沉静的感觉：把棉絮般飘荡的思绪一点点梳理好，慢慢拼成一幅图、织成一片云霞。

2014 年，我邀请 50 多位萨提亚模式的老学员，联合出版一本文集，纪念“萨提亚女士 100 周年诞辰”。我发出一封封邮件约稿，打去一个个电话与作者聊主题……稿件如雪片般飞来，我埋头修改文稿，有时一天下来才改完一两篇，心里好不郁闷——“真不如自己写算了！”一次又一次，我与编辑们沟通出版事宜，被一口拒绝、被婉拒，或者被好心地规劝：“现在没人愿意看合集，最好还是由你一个人来写。”我沮丧之余，又静心想了想，萨提亚女士既然被称为“心理学界的哥伦布”，就应该让更多的人看到这片新大陆而从中受益，让更多人的成长被看到，这是应该是一本“我们的书”。苦苦努力了近一年，《绽放》终于浮出水面，亭亭玉立了。

2020 年年初，凶猛的新型冠状病毒袭来，我们的工作和生活受到了阻碍，我开始尝试在各种网络平台上自己践行“开启职场‘第二曲线’”。我请朋友们帮我推荐、联络，陆续谈了十多个互联网平台。

一方面，我用心研究各家平台的读者特点和产品特色。另一方面，开始融合“线下”与“线上”产品线。我每天早晨六点起床，写作、写文案、录微课，还应出版社的邀请在“淘宝直播”上介绍新书《创业经理人》。

在淘宝直播的前一天晚上，我很紧张，女儿笑着鼓励我：“有的人活了一辈子，还不如一件毛衣会放电。妈妈，你总比毛衣强吧”。先生依然有些质疑：“知识分享容易，但收益难。你这种尝试靠谱吗？”我不太确定是否靠谱，先沿着一线“微光”向前走吧，至少我乐在其中。

喜马拉雅是我最执着、最向往的一个合作平台，因为这几年来，我的学习、娱乐、生活与它密不可分。学习“充电”时，听陈春花老师的系列课程、孙陶然老师的“创业 36 条军规”、彭凯平教授的“积极心理学”；散步闲暇或者做家务时，重温童年的《夜幕下的哈尔滨》《平凡的世界》《胡雪岩传》，还追过《明朝那些事儿》《琅琊榜》和《庆余年》……我梦想着自己也能成为平台上的一个播者，把美好的声音、经典的作品传递给千家万户。

然而，我一试再试，第一个系列“聊电影·话心理”约谈了两位编辑，但一位杳无消息，另一位温言婉拒。我又打磨了第二个系列“品读心理学经典”、第三个系列……一次次尝试，一次次无果。最后，我苦笑着告诉喜马拉雅的一位策划人：“看来，我还是当你们的忠实听众比较合适。”

“东方不亮西方亮”，我一次次拥抱互联网、知识付费领域，兴奋、好奇、郁闷、失望……终于，吸引了意想不到的其他几家合作平台：得到、有书、萨提亚教育。

【“心动”时刻】

丘吉尔冷峻地告诫世人“我们千万不要浪费一场危机”。从危机中找到“机遇”——很好，那是你的努力和运气；如果没有找到机遇，你也会增强自身的内力——一次又一次执着的努力，一个又一个创新的火花，那是韧性中最美丽的火花。

在这个变幻莫测的时代，技术更新、知识爆炸、全球市场和劳动力多元化、经济和政治动荡不安，一切都不确定，唯有“变化”很确定。加里·哈默尔和莉萨·瓦利坎格斯在《寻求恢复》(《哈佛商业评论》，2003 年 9 月）一文中提道：在不断动荡的世界中，拥有摆脱危机的“持续性恢复能力”，才是最终的竞争优势。我们要随时准备应对下一个浪潮，随时从中寻找冲浪的机会，或许会再次跃上潮头。

【“行动”时刻】

韧性，不仅是一种复原力，还蕴含着“创新力”，从每一次失败中吸取经验，再从另一个角度尝试。当你面临一个困境或者艰难的选择时，应采取以下行动。

首先，回顾一下你的价值观：什么人、什么事对你最重要？

其次，找到一条当下最好的途径，试一试，再坚持一阵子。

最后，从每次失败中反思一下，我可以改变什么？添加什么？

乐观：开心一释

陈婷婷的创业是从做“接盘侠”开始的。十年前，七八位服务行业（餐饮、家政、健身）的创始人为了压缩人员成本，合伙投资成立了一家人力资源公司“诚通聚才”。谁来当公司的总经理呢？大家面试了好几个经理人，都不太满意。某一天聚会时，大家忽然想起了合伙人梁军的夫人陈婷婷：她人可靠、办事利索，还有一些人力资源的经验，去年辞职在家带孩子。要不，请她来吧？

从天天打卡、听人指令的打工者，成为一家创业公司的掌舵人，这个诱惑蛮大！几天后，婷婷爽快地答应了。然而真正进入实操阶段，她才发现自己和掌舵人的差距如此之大。一来，这家新公司只有一个大致方向，没有清晰的业务模式和产品线；二来，她自己之前在一家电信公司工作，只是一个呼叫中心的经理，从过去单一的服务管理到现在全方位的研发、经营和管理一手抓，让她不知所措。更要命的是，她手下只有一个“兵”。

“经验靠外援，干活靠小白。”产品研发方面，婷婷找了几位有经验的人力资源专家，花了两个多月研发出两个新产品。人员招聘方面，她一个一个面试，组建了三十多人的“小白团队”，从最基础的业务开始，做表单、查电话本、跑社保局、梳理人事政策、与客户一一结算……然后，再一家一家找股东去谈项目。谁承想，当初承诺大力支持的股东们有了新想法，改变经营思路后，婷婷只拿下两个小单子。没办法，她还得“杀”出去开拓更多的客户。一年半后，业务好不容易上正轨了，又遇到一个致命的打击——南方的一个大客户倒闭了，婷婷一下子亏损 200 多万元，连发工资都困难了。

“到底哪儿出了问题？”婷婷找不出头绪，就去报了一个学习班。遇到难题，转个圈想想，再找个新路子试一试，“只可曲中求，不可直中取”，这是她一贯的行事风格。一边跟着老师取经，一边和同学多聊，婷婷慢慢开拓了思路。她根据服务型企业的用工难题、成本难题又拓展了两条新业务线，并在厦门、上海开辟了办事处。平时，婷婷积极参加中关村人才协会的各种活动，不仅开阔了视野，还发展了几家高科技公司，“今后，我要更多地‘混’在中关村了，经常‘双创’一下。”她笑眯眯地说。

在我与婷婷交往的十年中，印象最深的就是她的开心与耐心：

有一年，我给北大国际 MBA 班讲课，邀请了六七位点评嘉宾。在课前，婷婷帮我引导嘉宾，穿过把守森严的北大校门，找到曲径通幽的朗润园。看着她一个又一个地打电话、发信息：“王总，您消消气，别跟警卫‘磨牙’了，我来跟他们说……”“刘老师，我给您发了几张沿路的照片，您看着未名湖的风景，过桥左转就能找到朗润园了。”

有一段时间，婷婷通过吃营养餐来减肥，也拉上了我。每天早晨 7 点，她都会发来一条微信，“红小主，起床了没？开始一天的营养早餐啊。”再附上一张诱人的照片，那是她为家人烹制的营养早餐。惭愧的是，我看了半个月，一次也没动手做早餐。

有一次，我和婷婷在茶馆谈事。一个小时后，她婉拒了我吃饭的邀请，笑着说：“我还得照顾我家大宝呢。”她起身走到一旁，跟一位坐在轮椅上的老爷子打招呼：“爸，咱们回家了。”那位乐呵呵的老人正在跟服务员聊天，粲然一笑，“闺女，完事了？”我一边问候老人家，一边打趣婷婷：“难怪你这么乐呵，源头在这里呢！”她开心地说：“我爸呀是个纯文人，眼睛里只有书，没有人，连吃饭的时候都闭着眼。小时候不管我学习多差，他都鼓励我‘婷婷，好好读书，咱会出息的！’”

【“心动”时刻】

“小朋友，在电影《冰雪奇缘》里你最喜欢谁？”我问过许多孩子。

“雪宝——”很多孩子都会毫不犹豫、响亮地回答。一想到这个爱唠叨、“萌萌哒”、小大人似的雪娃娃，我的脸上也绽开了一朵花。雪宝最吸引人的特点就是——乐观。

乐观，是一种非常重要的心理能量，它是一种解释风格——遇到失败时，乐观的人会认为失败是暂时的，每个失败都有外在的原因，不只是自己的错。因此，乐观的人对未来有着积极的态度，也相信只要自己努力，就会找到办法，走出困境。

我们来轻松地自我评估一下吧，假如你是一个乐观的人，会有哪些内心的声音呢？

遇到好事了，你会鼓励自己：“真棒！这是我自己努力得来的！”

遇到坏事了，你会安慰自己：“唉，这次运气不好，下次会不同的！”或者“倒霉是暂时的，一片云彩而已，过一阵子就飘走了。”

遇到麻烦事了，你也会看得开："嗯，方法总比困难多！很快就会没事儿了。""再试一试，没准儿就成了！"

正如雪宝在《冰雪奇缘》中不仅时时享受着快乐的时光，也体验着快乐的结果——Happy ending（皆大欢喜）！雪宝一直"无理由地快乐着"，它最著名的一句话是"做好下一件对的事！"

【"行动"时刻】

有四个小窍门可以发展"乐观"这项心理资本，你来试一试吧。

宽恕过去。这可不是推卸责任，而是一种承认现实的重构技术。也就是说，过去就过去了，不必纠结，就像雪宝常说的"做好下一件对的事！"

感恩现在。这一点特别重要，我们经常觉得很多事情理所应当，殊不知，当你失去了，才会猛然惊觉——我原本拥有的并非"理所应当"！正如在 2020 年的新冠肺炎疫情期间，你拥有许多看似平凡但对许多人而言弥足珍贵的东西：平安、健康、自由、和家人在一起……

抓住未来的机会。如果我们能平静地体验到"前进中"的状态，例如，"我正在一点点努力中""我今天比昨天专注了一些"……并鼓励这些微小而持续的改变，就能更好地抓住未来的机会。

看到更多的"可能"。可以经常问问自己：这件事情除了现在的做法，还有其他的可能吗？正如我经常说"添加"是一个充满生命力的词语，总是让人看到更多的希望！

【乐观的人儿有"加餐"】

假如你和几位朋友在国外旅行，初到一个陌生的地方，你们迷路了。此时，大家一起讨论该怎么办？

- 有人马上用蹩脚的英语向当地人问路，并告诉大家“往这边走！”
- 有人在大家各抒己见时，一再冷静而坚定地说出自己的想法。
- 有人不参与、不发表意见，只是静静地听着，冷静地观察着。
- 有人因为迷路而慌了神，想到了一个个可怕的后果。
- 有人觉得迷了路很有趣，脱口而出“先走走再说吧”。
- 有人即便听到“往这边走”也迟疑不决，希望有更可靠的信息。

在以上几种反应模式中，你经常会是哪一类呢？

每一类反应模式都体现了一种天生气质，依次是：

- 循环气质：开朗活泼、表现欲强；
- 执着气质：目标清晰、行动果决；
- 自闭气质：安静、我行我素、精益求精；
- 抑郁气质：敏感、犹豫、富于想象力；
- 新奇气质：好奇、乐观，灵活度高；
- 黏着气质：稳健、可靠，关注他人感受。

人的天生气质由DNA决定，DNA决定人的本质欲求与情绪反应。“医学之父”——古希腊的希波克拉底创立了“体液学说”。他认为，人体是由血液质、黏液质、胆液质、黑胆质这四种体液组成的，四种体液不同的比例就形成了人们不同的气质，主要分为以下四类。

- 胆汁质：性情急躁、动作迅猛；
- 多血质：性情活跃、动作灵敏；
- 黏液质：性情沉静、动作迟缓；

- 抑郁质：性情脆弱、动作迟钝。

随后，现代精神医学专家克雷奇默、闵可夫斯基、申克尔、下田光造等，进一步深入研究人的天生气质，将其扩充为六类：抑郁气质、执着气质、循环气质、黏着气质、自闭气质、新奇气质。

幽默：会心一笑

1. 2020 年新冠肺炎疫情期间，许多大大小小的餐饮店倒闭，有一家小餐馆却逆袭制胜。财经作家吴晓波提道：疫情前，我约了 10 位朋友去一家小餐馆吃饭，老板邀我加个微信，笑呵呵地说："送您一盘花生米。"他没动心。等他去结账时，老板又笑眯眯地说："加个微信吧，给您省 50 元。"这下成了。

在疫情期间，吴晓波收到老板发来的抖音链接："客官来瞧瞧，每晚 9 点——我来为您炒龙虾！"于是，开心的老板"炒"来了吴晓波，"炒"来了一众闷在家里的食客，释放了大家"我要吃小龙虾"的内心诉求，看完直播，大家加关注、点赞、分享。"生意火爆得不得了！"龙虾老板乐开了花，又想着推出更多的新品。没上过 MBA 的餐饮老板在实践中悟出了真知：借助新工具，连接新人群，炒出一个个"爆品"。

2. 这次疫情期间，有一部穿越小说《庆余年》不仅改编的电视剧很火，做成音频节目依然很火。一天，我和女儿"全副武装"地出去散步，蓝天白云下，清新的空气透过 N95 口罩依然沁人心脾。忽然，女儿拽了拽我的衣角，小声说："妈妈，刚才走过去的叔叔也在听《庆余年》呢。"我俩对视一笑，最近一个多月，我们每天都沉浸在范闲、陈萍萍、内库和监察院的纠葛故事中。为何范闲吸引了那么多人？除了他的"开挂"人生，还有他潇洒的真性情，随处可见的小幽默："黑夜给了我一双黑色的眼睛，我用它对这个世界翻白眼儿”他挚爱的女孩儿——病弱的“鸡腿姑娘”咳出血来，别人惊慌失措，范闲却笑着暖暖地劝慰道，“没事儿，吐着吐着，就习惯了。”

3. 新冠肺炎疫情期间，最火的直播居然发生在忙碌的建筑工地上。在武汉的火神山和雷神山医院施工期间，观看网上直播的有1.1亿人次，人们看得热火朝天、为施工人员鼓劲儿、加油。瞧瞧这些“历代明君”和“重臣”们是如何奋战在建筑工地上的：

混凝土搅拌车——宋徽宗

高层吊车——宋高宗

打桩机——楚庄王

压路机——多尔衮

抛光机——道光

电焊工作组——汉武帝

大功率的照明灯——光武帝

白色集装箱的小房子——白居易

……

怎一个了得，这1.1亿人次的“咸疯帝”，

怎一个了得，国人的智慧和幽默！

【“心动”时刻】

“幽默”一词居然为国学大师林语堂首创！20世纪20年代，林语堂先生将英文“Humour”一词采其音，翻译而成“幽默”——曲径通幽、隐隐而生的一种智慧，真是惟妙惟肖啊！如果说“寓庄于谐”的讽刺也是一种幽默的话，司马迁应该算是中国“幽默学”的奠基人了。

“这个人很有幽默感”算是对人的高度评价了。幽默需要什么呢？豁达的心态、浓缩的智慧，还有对世间百态深刻的洞察和温暖的关怀。否则，幽默就会沦落为“毒舌”和“诛心暗箭”了。

【“行动”时刻】

如果你具有“循环气质”或“新奇气质”，那么，你天然地就具有幽默的好底子。如若不然，就需要在人生的起伏中添加一些“幽默因子”了。

其一，豁达的心态。不要太把自己当回事，敢于自嘲，才能体现真正的自信。“一觉醒来，天都黑了”“每天都想和别人不一样，结果每天都一样。”“男人的智商和形象成反比。”最后一则金句来自商界“牛人”马云。

其二，活跃的思维。从另一个角度看问题也许就能看到新天地、趣人生。“在我的朋友圈里，一半人秀恩爱，一半人伤时局，中间还夹着几个坚强的微商。”“女生之间就不要耍心机了，反正几十年后都要一起去跳广场舞。”

其三，温暖的关怀。刻薄的人即便腹有诗书、能言善辩，甩出来的话要么“噎死人”，要么“气死人”；而善良的人即便嘴巴笨一点，偶尔冒出一个词、一句话，也能让人会心一笑。午饭时，我问女儿：“今天上午的网课怎么样啊？”“身心俱疲啊！”小姑娘坏笑一声，解释道：“老师是疲劳的‘疲’，我是皮实的‘皮’！”

第12章 金融资本：你的财力如何

如何投资职场

断舍离的价值

犹太人的经典三问

百岁人生，喜乐还是煎熬

个人金融资本的价值，小则“修身、齐家”（见图 12-1），大则“创业、成天下”。

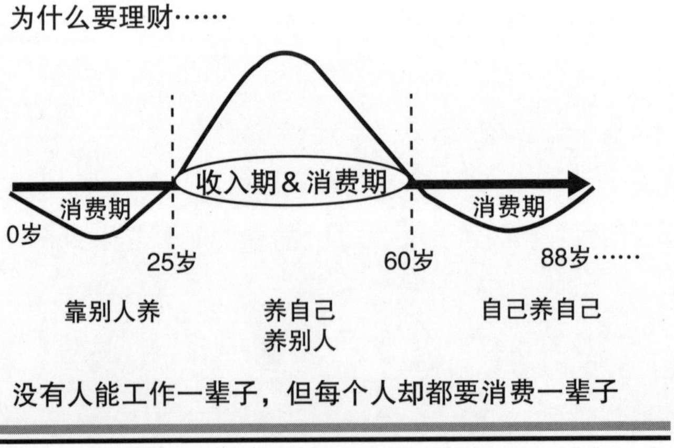

图 12-1 个人金融资本的价值

股神巴菲特回顾道，“我一生中 99% 的财富都是在 50 岁之后获得的”。

从 27 岁起，他投资的年复利是 20.5%，50 岁之后进入财富爆炸期，靠的就是时间和复利的力量。

个人的金融资本一般包括两部分：工资收入和资本收入。

资本收入有哪些来源呢？储蓄、股票、基金、股权投资、房产投资，等等。

当某一年的最后一天，你在睡前怡然自得地回顾：这一年我赚了 100 万元，其中通过工作赚了 30 万元，而通过投资、理财等方式获得了 70 万元。到那时，你在个人财务上将拥有更大的灵活度、更强的抗风险能力。

如何投资职场

袁飞在一家国企工作了十几年后，在参加了一次暗藏“潜规则”的岗位竞聘失败后彻底失望，终于下决心辞职，与大学同学一起创办了一家管理咨询公司。历经三年多的坎坷，公司不仅生存了下来，而且在细分市场中颇有声望。

“出来后感觉如何？”朋友们聚会时，大家问袁飞。

“创业三年比我过去 20 年的工作经历都丰富。我一直在疯狂学习，疯狂接各种项目，疯狂提升商业经验。”一向沉稳的袁飞居然用了三个“疯狂”！

Jason 第一次跳槽，从一家国企跳到一家美国投资公司，被面试了五轮，外加一次心理测评。在第六轮面试中，他见到资历最老的顾问 Charles，聊了一阵子，他感觉自己“有戏”了，直接问 Charles：“入职后，我能从公司得到什么呢？”

“有人进宝山空手而归；有人在垃圾堆里还能寻着宝。得到什么，关键在于你自己。”Charles 冷静地回答。

“这段话我牢牢记了十几年。”Jason 感慨道：“所以每到一家企业，我都给自己树立三大要求：在一周内，了解所有相关的规章制度和工作流程；在一个月内，梳理所需的核心知识，掌握核心技能；在两个月内，漂亮地完成领导交代的一两件关键工作。”他非常谦虚：“虽然我不是名校毕业生，也不算聪明，但好在一直踩准了点，抓住了每一次机遇。”如今，Jason 不仅是一家投资公司的合伙人，还和几位 EMBA 同学一起创立了两家创新型企业。

职业有四个重要阶段：

第一阶段，Go with the winner（跟着胜利者前行），快速提升专业能力、积累行业经验。

第二阶段，Get recognition（获得认可），完成一项项有挑战性的工作后，获得职业声誉。

第三阶段，Save the world（拯救世界）。为了一个梦想或者一项使命，毅然跳出“舒适圈”，开启职场的“第二曲线”。

第四阶段，Enjoy life（享受生活）。从事自己喜欢的各类事务，后文中我们会谈到如何在百岁人生的视角下规划和平衡好四类“工作”。

人生有四季，职场也有四季。只不过，在如今快节奏的经济发展和社会变迁中，这四季不似以往那么分明了，依然分明的原则是：只争朝夕、不负韶华。

你所浪费的今天，是昨天死去的人奢望的明天。

你所厌恶的现在，是未来的你回不去的曾经。

【“心动”时刻】

工作对于你的意义是什么？是谋生的手段，还是帮助你一步步走向理想未来的阶梯？

工作，是占据现代人时间最多的一项活动。不管怎样，普通人每周至少要工作 40 个小时；在一些工作强度大的行业，如咨询、法律、投资、互联网等，每周工作 70 个小时以上也属平常。

工作，应以怎样的态度面对？是浑浑噩噩、“当一天和尚撞一天钟”，还是用心学习、主动解决难题，抑或如稻盛和夫所言“热爱你的工作，像谈恋爱一样迷恋你的工作”？各种选择，都在你的手中！

工作，不仅是一种“消费”（消耗时间和能量），更是一种持续的“投资”：增强能力、修炼心性、拓展人脉、获得物质和精神回报。

自律和精进，是职场最宝贵的品质。

热爱工作，是提升职场价值的秘诀。

要想拥有一个充实的人生，你有两种选择：要么从事自己热爱的工作，要么让自己爱上当下的工作。慢慢地，你会惊喜于那个越来越优秀的自己。

【“行动”时刻】

职场何尝不是一场马拉松？全程马拉松有 40 多公里，而一个人的职场生涯也要经历 40 多年。此刻，你在哪一个阶段？

在最初 5 公里的“欢快跑”中，带着欣喜和好奇；

在 5 公里之后的“匀速跑”中，超过一个个选手；

在 15 公里之后的“煎熬跑”中，几次慢下来，身边一个个选手超过自己。

在第 36 公里到终点之间的“撞墙跑”中，每迈出一步，都如撞墙般痛苦万分！

我们在这场“职场马拉松”中可以添加三个小窍门：

其一，找好赛道：一家好公司、一个好老板，或者一个有前景的职位。

其二，匀速前进：列好均衡的“成长计划”，包括学习、工作、健身、生活。

其三，坚持再坚持：即便累了、渴了、摔倒了，歇一会儿，继续奔向目的地。

断舍离的价值

雅琦最近很焦虑：作为一家互联网公司的骨干管理者，她负责海外事业部的财务管理。雅琦不仅业务纯熟，而且沟通能力很强，记得有一年，我去他们公司讲授“领导力”课程，雅琦总是最早到教室，而且主动跟我打招呼，要么向我介绍海外事业部的一些情况，要么向我请教一些培养下属的办法。“你是一位很有潜力的财务总监”，我当时对她印象很深刻。

“曹老师，现在公司想让我负责整个华南地区的财务管理，是个很好的机会。但是我爱人去年开始创业后忙得要死，家里有老有小，全靠我照顾。”在电话的那一端，雅琦跟我讲了目前的左右为难：放弃吧，这个机会很难得，是通往高层管理者的一条快速路；不放弃吧，家里根本照顾不过来，而她的身体最近也出了些状况——失眠、胃疼，头发掉了很多。

“咱们先不说眼下的机会，聊聊远一些的事。雅琦，未来五年或十年，你希望过一种什么样的生活？”我听完雅琦的诉说后，先拨开她眼前的焦虑。

“嗯……”雅琦沉思了一阵子，缓缓说道：“其实，我希望一家人都健健康康的。还有，我很想再生一个女儿。”

“好啊，那咱们就慢慢来，先照顾好自己和家人，再冲事业。我相信，凭你的业务能力和人际影响力，今后还会有机会的。如果公司内部的机会有限，其他公司也很需要财务总监的。”随后，我又帮她回顾了过往的职业生涯，让她更清楚地意识到不论怎样的沟沟坎坎，凭借她的好学和努力，总是能顺利度过，或者跃上一个新台阶。

在随后的几个月里，我收到雅琦的两条微信：

“曹老师，我休了一个小长假，状态调整回来了，谢谢您的开悟！”

“曹老师，我最近开始跑步和健身了，准备下半年报名马拉松。”

2019 年年底，我收到雅琦的一则喜讯：“向曹老师报喜，添了一个‘小棉袄’，六斤，母女平安！”

马云曾有经典的三问，常在年底时问自己：

你有什么？

你要什么？

你放弃什么？

对于资源多、机遇多的人而言，第三个问题最难！

归根结底，这难题来源于人性“贪、嗔、痴”中的第一个——贪。

【“心动”时刻】

现代人的烦恼，

在于需要的不多，想要的太多！

在于拥有了很多，渴望着更多……

因此，“断舍离”是一种人生的抉择、人生的智慧。

你想要过怎样的人生？

你真正“求”什么？可以“舍”什么？

你如何在“简约”中获得“丰盛”？

【“行动”时刻】

在积累个人金融资本方面，我们的“断舍离”可以归纳成：

断：改掉以往“随意支出、没有规划”的消费方式，进行一定的财务规划。

舍：舍弃生活中“重复、不经意”的浪费，有效地管理自己的财务资源。

离：远离一切“攀比、炫富”、远离超出自己经济能力的消费习惯和社交圈。

犹太人的经典三问

这事能不能不花钱?

能不能少花一点钱?

能不能晚一点花钱?

在财商方面，Cindy 和爱人马伦真是有天壤之别。上面三个问题是马伦经常唠叨的，他说这来自犹太人的商业思维。

Cindy 自己掏了 18 万元，读了在职 MBA；而马伦去和老板谈了谈，让公司支付 38 万元，送他去读 EMBA。Cindy 第一次创业时，埋头做公司预算，收入、成本算了大半天，喜滋滋地对马伦说：“还不错，我们的‘双核驱动’模式，大约两年就能盈亏平衡了！”

马伦扫了一眼表格，冷静地说：“创业企业没这么乐观，很多原来的客户未必会买你们新公司的产品。再算一算，按照原有客户量的 1/3 来算。”

Cindy 算完了递给他，“这下很客观了吧？”马伦依然摇头，“再算一次吧，你们的线上投入会很大，而线上收入在前期不会这么快进来。”

Cindy 又算了一次，瞬间好崩溃：“这得亏五年呢，估计撑不住！”

马伦冷冷地说：“互联网是个很‘烧钱’的行业，而且是个无底洞！我劝你走线下业务比较保险。等有了一批固定的客户、较好的知名度，再开启线上业务。做生意，能少花钱就少花钱，能晚花钱就晚花钱。”

可惜，几位股东依然希望“双核驱动”。10 个月后，公司现金流告急，又勉强撑了 3 个月后，不得不裁掉所有线上业务，只保留了 5 人的线下业务——这个小部门一直是盈利的。Cindy 这位 CEO 也黯然离开。

【“心动”时刻】

犹太人的经典三问，归根结底体现了经济学的精髓：如何在有限的资源下获得最大的附加价值。作为一个职业经理人，当经常反思：时间、资金、人力，每一项资源都是有代价的，如何将之运用到最佳状态？在组织运营中如此，在自己的职业生涯运营中亦如此。

【“行动”时刻】

经常问自己这三个问题，不仅能提高资源利用率，还能激发创新力。Maggie 多年从事公益事业，她说，在有限的资源下辗转腾挪，“在螺蛳壳里做道场”很能锻炼人呢！尝试着问自己：

假如这件事不花钱，我如何把它办好？

假如少花 20% 的钱，可以砍掉哪些预算？

省下钱以后，如何奖励一下自己和团队？

百岁人生，喜乐还是煎熬

“这是魔法，别人根本做不来！”49 岁的时候，玛利亚·葛莫利第一次参加萨提亚模式的成长工作坊，她感叹带领者萨提亚女士的“功力”。萨提亚女士温婉地鼓励她，“魔法就在你的心中！每个人都有可能找到自己的魔法。”

魔法真的就此展开——在随后45年的生命历程中，玛利亚学习、运用、传播萨提亚模式，去探寻和激发无限美好的生命能量。她的百岁人生跌宕起伏——

49岁，玛利亚遭遇车祸，颈椎断裂；

60岁，患难与共的丈夫保罗去世，她患抑郁症两年后康复；

83岁，玛利亚开始写自传《爱与自由》；

89岁，玛利亚被检查出肺癌，切除半个肺之后神奇康复；

94岁，玛利亚在中国出版新书《大象在屋里》(中文版)；

95岁，玛利亚不慎摔伤，手术治疗，半年后康复，她又飞至中国授课育人。

每年玛利亚都会乘坐13个小时的飞机，远渡重洋来到中国，开办“成长工作坊”“婚姻家庭工作坊”，以及培养专业的心理治疗师。她的动力何来?

“我发现中国人非常勤劳和努力！”

“这里的人对成长很有兴趣，我想教那些真正想学习的人。”

“只要我活着，我会一直来中国。我要在这里过100岁生日！”

“每天清晨，当我醒来的时候，我接触到自己的呼吸，知道自己还活着，感受到自己的生命力，我就充满了‘感恩之心’——感恩我活着、能呼吸，还有能量。”

“如果我哪天能量比较低，我就会体验一下我的身体、我的思想、我的感受，我问自己:‘我怎么啦？’‘我需要什么？’‘我的身体在给我什么信息？’因为我知道，我的内在有许多资源。当我自己澄清了，我就毫不犹豫地运用这些资源。如果内在有些问题，我就照顾它、处理它，与我的生命力连接。”

玛利亚以自己的方式享受工作：“我为自己工作。例如，有时候我会累，我就承认我累了，于是我会吃点好东西，早点睡。我学习‘活在当下’，我不否认自己的感受，我累的时候不会说‘我不累’。我接纳‘当下的感受’，聆听身体传递给我的信息，这样能帮助我再获得能量。我也在冥想中这样教大家。”

“从我出生以来，我就从许多不幸的经验中创造出强而有力的学习力。”2020 年，玛利亚老师整整 100 岁了！

【“心动”时刻】

百岁人生，是福祉还是噩梦，其中的几个关键因素是：

你如何度过漫长的人生?

你打算工作到多少岁?

你想维持怎样的生活品质?

你需要多少钱才能生活下去?

玛利亚老师一生中似乎只关注前两个问题，很少操心后两个问题。尽管她经历多年的颠沛流离和生活困顿，依然优雅而丰盛地度过了“百岁人生”。

对于“百岁人生”而言，我们需要物质和精神“双保障”——

第一个问题：在于我们如何运用时间，如何活出生命的意义；

第二个问题：关键在于做你喜欢做的事；

第三个问题：我们的生活品质受到“有形资产”和“无形资产”的双重影响。针对前者，我们要规划好家庭财务收支，维持“奢”与“俭”的长线平衡，所谓“由俭入奢易，由奢入俭难”；而对于后者，则包括相濡以沫的家人、志同道合的朋友、健康的身心、一两个爱好，以及一两门过硬的本领。

第四个问题：取决于你希望拥有怎样的生活品质，然后“以终为始”，做好财务规划。

曾有保险机构提出了“四根支柱”的说法，以此来支撑人生的下半场：政府提供的养老金、工作单位提供的企业年金、个人积蓄和继承的遗产，以及有偿工作。

请反思一下，退休后我有几根柱子？

我准备添加哪一根柱子？

我要在哪一根柱子上增强力度？

【“行动”时刻】

我们的百岁人生是喜乐还是煎熬，在于自己的主动规划。

其一，早动手。“你不理财，财不理你”，从第一笔工资开始理财。

其二，长期坚持。你的个人金融资本将在“复利”中显示强大的力量！

其二，随心而动。从 50 岁以后，你的人生可以“活出自己的样子”。

【再回首 · 本篇金句】

- □ 韧性，不仅是复原力，还蕴含着“创新力”。
- □ 幽默需要什么呢？豁达的心态、浓缩的智慧，还有对世间百态深刻的洞察和温暖的关怀。
- □ 现代人的烦恼，在于需要的不多，想要的太多！
- □ 每天多 1% 比每天少 1%，一年下来，居然相差 1453 倍！
- □“断舍离”是一种人生的抉择、人生的智慧。
- □ 在“简约”中获得“丰盛”。

【参考文献】

[1] 大前研一. 专业主义 [M]. 裴立杰，译. 北京：中信出版社，2019.

[2] 李善友. 第二曲线创新 [M]. 北京：人民邮电出版社，2019.

[3] 莎轮·伦德·奥尼尔，埃尔沃德·查普曼. 职场心理学 [M]. 石向实，郑丽君，等译. 北京：中国人民大学出版社，2013.

[4] 罗伯特·西奥迪尼. 影响力 [M]. 闾佳，译. 北京：中国人民大学出版社，2006.

[5] 古斯塔夫·勒庞，乌合之众 [M]. 亦言，译. 北京：中国友谊出版社，2019.

[6] 查尔斯·汉迪. 适当的自私 [M]. 赵永芬，译. 北京：东方出版中心，2017.

[7] 克里斯·马修斯. 硬球：政治是这样玩的 [M]. 林猛，吴群芳，译. 北京：新华出版社，2010.

[8] 弗莱德·路桑斯. 心理资本——激发内在竞争优势（第二版）[M]. 王垒，童佳瑾，译. 北京：中国轻工业出版社，2019.

[9] 琳达·格拉顿，安德鲁·斯科特. 百岁人生 [M]. 吴奕俊，译. 北京：中信出版社，2018.

[10] 唐日新，曹宇红. 创业经理人 [M]. 北京：电子工业出版社，2019.

第五篇

溢价，开启「第二曲线」

通过前面的讨论，我们升值了个人品牌，止损了情绪上的三大纠葛——拖延、焦虑和抑郁，也享受了“四大资本”的复利效应。在本篇中，我们将细致地描绘职业“第二曲线”的关键阶段，也探寻一番如何创造丰盛而自在的“百岁人生”。

第13章 “第二曲线”五部曲

失速期：困顿与迷茫

极限点：断崖式下降

着力点：跟随“我心”

振荡期：犹豫与尝试

破局点：新一轮“可持续成长”

“第二曲线”最早的提出者查尔斯·汉迪，这位年近九旬的老人，经历了职业上一段又一段神奇的跳跃：跨国公司的职业经理人——伦敦商学院的创始人——享誉全球的作家和演讲人——被称为“英国德鲁克”的管理哲学家。汉迪自称“跳蚤”，灵活地跳跃于各类组织间，他写的《大象与跳蚤》一书预见了组织与个人的未来，清新幽默，发人深省。于是，我将“第二曲线”运用到了职业生涯与百岁人生规划之中。

但凡一个生命，大多要经历这几个阶段。

- 萌芽期。吸收能量，慢慢抖动着奋力成长。在此期间，投入总是比产出大，或许，一些投入根本就带不来期待的产出。
- 成长期。投入的能量越来越聚焦，成长的曲线越来越清晰，一条圆润的 S 形曲线优雅地向上延展。你能兴奋地感受到每一分投入都会带来更多的、持续的产出。

- 振荡期。不知是由于外因还是内因，向上的曲线在此抖动，经历一片混乱与迷茫后，S 曲线或许再度向上延展，或许陡然下滑，更有甚者，在此戛然而止。

S 形曲线不仅适用个人生命、职场生涯，也适用企业、组织，乃至国家的发展历程。S 形曲线或许很短，或许很长，但难以改变的事实在于：“第一曲线”总有生命的气数，“第二曲线”总是要开启的，无论是主动还是被迫，正如物种的遗传与变异，不断延续着自然界的生命能量。

我们几十年的职场生涯也是沿着 S 形曲线发展，除了用心描绘“第一曲线”——你熟悉的行业、服务的组织、擅长的专业之外，也试着勾几笔“第二曲线”，甚至“第三曲线”吧。因为在这个“黑天鹅”和“蝴蝶”乱飞的年代，说不定某个颠覆式的技术创新，某场无休无止的贸易战，突如其来的疫情、灾害，甚至某个不管不顾的“野蛮人”“跨界者”，转瞬间就摧毁了我们所在的企业甚至行业。

例如，2020 年的新冠肺炎疫情暴发，使许多公司的业务停滞、前景未知，一大批餐饮、酒店、制造企业倒闭；前几年的共享单车市场上拼杀着 OFO、摩拜、小蓝车……林林总总 20 余家，而 2018 年居然变成美团和滴滴瓜分市场，它们完全是“跨界者”！

细心观察“第一曲线”和“第二曲线”，我们会发现其中蕴含着几个重要阶段和节点（见图 13-1）。

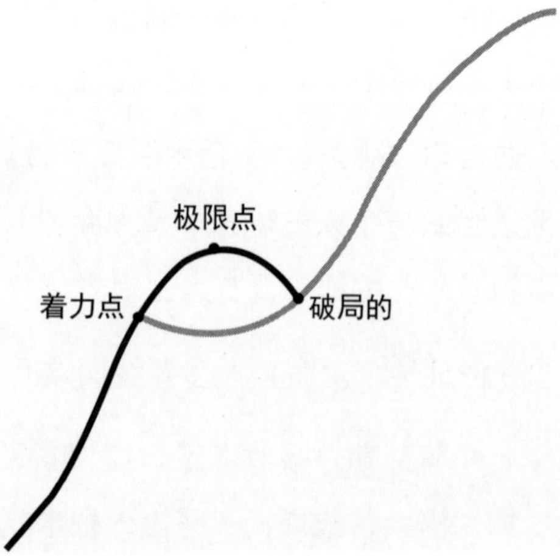

图 13-1　第二曲线示意图

- 失速期。进入“第一曲线”的某个阶段，增长的速度速来越慢。
- 极限点。到达“第一曲线”的最高点后，开始下滑或断崖式下降。

- 着力点。从“第一曲线”中的某个点，延伸出一条新曲线。
- 振荡期。在“第二曲线”的萌芽时期，不断尝试、调整、聚焦。
- 破局点。在“第二曲线”中的转折点，产出大于投入，新曲线持续上升。

在职场中，我们既奋战在“第一曲线”上，又应准备着“第二曲线”。如果当“第一曲线”滑落时，我们的“第二曲线”能无缝隙地连接上，那将是最美妙的境界了。但许多人困惑的是——

- 我如何知道自己的“第一曲线”开始失速了？
- 我如何能识别出职业生涯的“极限点”？
- 我如何能找到“着力点”？
- 我应在何时准备开启“第二曲线”？
- 我如何度过难熬的“振荡期”？

……

如此多的问题，我们并没有非常清晰的答案。正如“第一曲线”有迹可循，我们跳槽、轮岗，都能预期获得更高的职位和薪酬、更丰富的行业经验或事业平台，但“第二曲线”属于非连续性的一跳，它有许多新机遇，也伴随着更多风险。好消息是，大多数勇敢跳到“第二曲线”的职场人，都很满意或赞赏自己当年的决定。

如何判断你职业的“第一曲线”即将到达峰值呢——你所在的行业开始衰落，你的公司近两年业绩下滑，你身边的伙伴不是明争暗斗就是碌碌无为，或者你在公司中越来越被边缘化，在工作中越来越没有动力。

每一次开启“第二曲线”，都必须在“第一曲线”达到巅峰（极限点）之前就开始行动，只有这样，你才能有足够的资源（金钱、时间和精力）去承受“第二曲线”在最初的下行压力。

刚开始的“第二曲线”很可能大头朝下，或者在低谷徘徊，因为你要投入新的学习、尝试新的领域、建立新的信誉。一段时间后，“第二曲线”开始慢慢扬起头，趋向巅峰。

有的人虽然从一份工作跳到另一份工作，但其实都是沿着“第一曲线”前行，在类似的行业或者类似的岗位上。“第二曲线”虽然源自“第一曲线”，但却针对不同的客户，或需要采用不同的商业模式。

开启“第二曲线”，不仅需要理性分析，还需要想象力和直觉，最重要的是拥有踏入未知领域、迎接不确定性的勇气。只要你有所思、有所行，经历“五部曲”后你的人生将奏出一段梦幻般的新旋律。

失速期：困顿与迷茫

Vivian在一家高科技公司经历了12年的辉煌。她前后在五个岗位上工作过，不仅从职能部门打拼到了业务部门，还赶上了公司的国际化进程，成为首屈一指的优秀管理人才。

Vivian的第一个职位是高级副总裁Jerry的秘书。第一次见面，Jerry简短地说：“我没时间，也不喜欢看那么多邮件，请你协助我搞清邮件中的事情。”于是，Vivian每天查看Jerry的几百封邮件，打电话询问相关人员，将每一个重要邮件的背景、要点和工作目标整理到一页纸上。每天下午5点，Vivian向Jerry面对面汇报，两人能高效地处理200多封邮件。随后，Vivian将Jerry的处理意见反馈给生产、供应链、销售和进出口贸易等部门。八个月后，Vivian被提升为秘书处经理。

第二个职位来得有些突然。随着公司业务的高速发展，秘书处的人才都要去“轮岗”。Vivian申请到采购部，除了接触英特尔、微软等大型外企，她还每年都主动换一个采购物类，不断学习新的业务流程。随后，Vivian还去笔记本电脑营销部工作了两年，完整地了解产品的生产、采购、销售和国际贸易的业务闭环。

第四个职位是Vivian主动争取来的。自从去读了北大国际MBA之后，她一心想着去扩展国际视野，把MBA知识学以致用。幸运的是，她成功应聘到了海外业务部，参与了公司重大的海外兼并项目。“那一年真开眼界，不断地去香港和美国出差，参与各种国际商务谈判。”至今回想起来，Vivian依然兴奋不已。没想到，顺利完成了兼并重组后，Vivian所在的海外业务部却被撤销了。但凭借出色的沟通能力和全面的商务知识，Vivian被委以重任，前往“间接物料采购部”担任总监。

“那几年真是太拼了。”Vivian回顾那段“战斗”历程——她管理着公司对150个国家的采购业务、上百人的多元化团队，工作跨度和管理难度可想而知。因为时差的原因，Vivian每天从早晨8点一直工作到夜里11点，经常是简单吃完饭，就开始了一个又一个电话会议。她经常夜里11点多还在写方案，一直忙到凌晨一两点。

失眠了6年，一直伴随着周期性的抑郁，Vivian的状态越来越差。无奈之下，她开始跑马拉松，总算有了一个精神支撑，“马拉松是我的生命线！”她在朋友圈中兴奋地说。

但最近一年来，Vivian总觉得身体很是乏力，心跳只有50几下，脸色更是惨白惨白的。她偶尔休息一两天，一次能睡24小时。工作也陷入了低谷：一想到各国供应商之间的利益纠纷，漫漫长夜中的国际电话会议，她就头疼不已，工作没有一点儿动力，自己越来越自责，甚至想到了自杀……为什么我这么拼命却这么痛苦？为什么我现在变成了这个样子？Vivian在无助和自责中越陷越深。

一天，一个陌生电话从英国的一家猎头公司打来，“德国公司SM想招聘一位中国区采购总监，你愿意考虑一下吗？”Vivian抓住了这个机会，经过7轮面试后顺利入职，“感谢老天帮助了我！”

“假如没有这个机会，你会怎样？”Vivian的朋友好奇地问。

“如果没有这个机会，我也会调整自己的。再这么拼下去，我就垮了。”Vivian释然道：“当年只追求外在的光环，什么国际事业部总监、“集团50杰”啦——完全迷失了自己。后来我才发现，自己生命的意义在于发现美和创造美，进而激发人们生命中的美。”

如今，Vivian正尝试着一条全新的职业道路：将花道、音乐和教练技术结合起来，用艺术创造来滋养人们的成长，开启了新的职业生涯。

【“心动”时刻】

你的职业是否进入了“失速期”？以下迹象会是一些提醒。

- 越来越没有动力：早晨不想进办公室，下班时间一到就急于逃离；
- 越来越被边缘化：重要的会议不通知你，关键的决策与你无关；
- 心情低落——源于工作内容、人际关系或职业前景；
- 心境灰暗——与你的老板或决策层存在严重的分歧；
- 前途迷茫——看到频繁的组织变革或剧烈的行业动荡……

不论是外在因素，还是内在动力，都会导致职业生涯进入“失速期”，让你的职业发展越来越慢，或几近停滞。混乱和痛苦正是促使你职业生涯转型的好时机：开启新一轮成长——自我改变，或者开启“第二曲线”——自我突破。

【“行动”时刻】

1. 评估一下：我目前的工作动力有几分？（满分为10分）
2. 反思一下：我可以改变什么？我可以寻求什么资源？

3．尝试一下：做个“自我改进”或“创新突破”计划。

极限点：断崖式下降

卓翔在外企已经工作了 20 多年，他一直专注工业自动化行业，最辉煌的职业经历是担任过两家合资公司的中国区总经理。这两年来，卓翔将赛门自动化（法国企业）的中国业务由巨亏扭转为略有盈利，2019 年他很有信心，将产品打入两个新行业，销售额提升 18%。年初，公司对全球业务进行重组，原本独立的中国区被划到了亚太区，由一位印度裔总经理监管日本、中国和印度三大地区的业务。两周之后，中国区和日本区的总经理被解聘，卓翔黯然离开了奋斗十多年的公司。其实，亚太区的业务重组计划卓翔已经听说一年多了，但他万万没有想到，这把裁员利刃居然会砍到自己！

Fred 是 GATA 中国研究院的高级软件工程师。毕业后他一直在这家全球 500 强企业工作，已有 12 年的时间，集团的医疗、汽车和精密仪器业务都很有优势。最近几年，集团迫于投资人的压力，一直在做“数字化”转型，但多次尝试后并没有什么突破。2019 年年底，集团的全球 CEO 被迫辞职，中国区的 CTO（首席技术官）也换了人选。最近两个月，公司里一直在传言北京医疗事业部将独立拆分成子公司，而位于上海的研究院很可能会与北京的医疗研发中心合并，不少人将从上海调至北京。

“我可不愿意去北京”，Fred 很烦，前两年他刚刚在上海买了房，费了好大劲儿，儿子终于进了一所重点小学。这一天，Fred 所在的研发二部开例会，公司的技术总监和人力资源总监居然都来了。30 多位研发人员交头接耳，“真要调整了！”“要是轮岗的话，公司能给多少补助？”等大家安静下来，技术总监宣布：“由于中国区的业务调整，我们研发二部的职责与北京研发中心合并，遗憾的是，研发二部将整体解散……”犹如一颗炸弹意外引爆，炸得屋里一片死寂。人力资源总监接着说：“除了补偿之外，在未来的一个月里，公司会支持大家寻找外部或内部的机会，我们的职业顾问会支持……”瞬时，全场一片哗然，愤怒、辩解、争论之声四起。

此时，Fred赶紧走出办公室，连续拨通了另外两个部门伙伴的电话，还找到了熟识的一位猎头顾问，快速启动了自己的求职程序。业务调整、职位蒸发……他在四年前曾经经历过，所以这一次他情绪的波动很小，行动的速度很快。

【“心动”时刻】

到达“极限点”后，由此导致的非连续性断层是许多企业衰亡的第一原因，例如诺基亚的手机业务、柯达、AT&T。而到达个人职业的“极限点”，断层会更加突然，令人措手不及。

识别“极限点”需要敏锐的洞察力，对于组织发展、人际关系，或者更广一些——对你所在的行业将进入怎样的趋势都应做好预判。

穿越“极限点”，需要灵活的应变力，放下“受害者”心态，运用自己的社会资本和人力资本，快速寻找新的职业方向。

【“行动”时刻】

面对职业上的“极限点”——

- 如果它是可预期的，请尽快“自救”，借助人脉，寻找组织内外的职业机遇；
- 如果它是突如其来的，请少一点自责或他责，尽快走出情绪的低谷；
- 如果它是毁灭性打击，请给自己一段缓冲期，反思一下，重新定位。

着力点：跟随“我心”

第一次走进洱海边的晒谷洱语客栈（简称“晒谷”），我就喜欢上了这家典雅而温暖的民宿。敞亮的庭院里桂花飘香、流水淙淙，花花草草开得一片灿烂。坐在宽敞的白色大棚顶下，眼前就是一湾碧蓝纯净的洱海；转身仰望，便是那如梦如幻的苍山白雪。“晒谷”里的每一个房间都有一个别致的名字——晨光熹、夜未央、陌上桑、绿袖子，等等。我挑选了“风木槿”，因为最喜欢那张湖蓝色的床，那幅桃红色的壁画。画里，戴着草帽的老树优哉游哉地坐在树枝上。

傍晚，寻着时断时续的吉他声，我认识了客栈的主人曾云——一个从事建筑和房地产的创业者。我问他怎么会来洱海边开客栈，他说：“每次特别累的时候，我都喜欢一个人来洱海边散心。住了无数家客栈，没有一家满意的。”曾云笑着说，“不如自己开一个吧，为自己，也为朋友们营造一个静心的地方。”

为了这家客栈，曾云可是费尽了心血：光建筑图纸就修改了七八遍，每个床具、每件摆设精心挑选，每个房间的名字苦思冥想，每处隔音效果、采光细节、软装饰都要考量许久，光房间的清扫流程就设定了 30 多项……在我看来，开民宿看似浪漫，实则劳神费力，但曾云却乐在其中。平时，他四处奔波于各地的工程项目中，偶尔回到“晒谷”，不是修整一下花花草草，侍弄一下院子里的小动物，就是各处转转指点一二，偶尔，还坐在图书馆里弹吉他。身体虽累，心却舒坦，这里是他的心灵之家。

好事总是多磨。前几年，围绕洱海的环保大治理，洱海沿线的 2000 多家民宿被关停了一年多，“晒谷”才开业半年就被封门了。随后又传来消息，“晒谷”要拆迁。那满园的春色、满室的神韵，连我这个旅人都依依不舍，更何况它的主人呢？一个夏季，我飞去大理，住在“晒谷”三天两夜，把心中的感慨和遗憾写成了 35 个小故事——依着每个房间的名字各写一则，其中，给我最喜欢的“风木槿”“花容”和“静闻”三个房间各写了两则。整个故事集名曰《晒谷情》，写完后，我把它送给了郁闷不已的曾云。

“晒谷”历经坎坷，被拆去了临海的10间海景房，总体结构总算被保留了下来。然而一波未平，一波又起，2019年年底，环洱海的生态廊道开建，又要穿过“晒谷”的庭院。那盛开的一墙三角梅、碧绿的小池塘，敞亮的白色大帐篷……怕是“在劫难逃”了。2020年又遇到新冠肺炎疫情，“晒谷”恢复营业遥遥无期。曾云更忙了，四处投标、跑工程项目，他说：“我得赚钱养‘晒谷’，希望有一天可以停下来待在晒谷。”

附：晒谷情 · 静闻（108房间）

初遇，静闻是江阴的一个僧人，徐霞客是山水间的一位旅人。

“请带我一起走吧！”静闻苦苦哀求霞客。

“为何？”

“禅诵二十年，刺血写成《法华经》，愿供于鸡足山。”

一路上，晓共云关暮共龛，静闻与霞客，由陌路行人到生死之交。

一次，路遇匪徒抢劫，静闻身负重伤，奄奄一息。他一再央求挚友，“你带着经书去鸡足山吧，不必管我。”两人挥泪诀别。

行走了大半日，还是牵挂着静闻，霞客又归。两人执手三日，静闻圆寂。

风餐露宿一年多，霞客终于抵达云南鸡足山，安置好了一瓶遗骨、一卷经书，喃喃叩问：“静闻，你可知晓？你可安心……”

为了信念，静闻千辛万苦。

为了承诺，霞客万难不辞。

一段传奇的友情，千古动人。

【“心动”时刻】

扪心而问：假如有机会重新来过，你真正想干的是什么？你会过怎样的生活？

相信很多人都会有一个美好的梦想。这个梦想，或许与你过往的经历有关，或许迥然不同，但是，它要么在你的心中萦绕了多年，要么从你内心深处喷薄而出，具有强大的内驱力，这正是启动“第二曲线”所必需的着力点。

进入成年后的大多数日子里，你不是在与“高手”过招、与竞争对手角逐，而是在与自己相处。当你已经满足了温饱，小有积累时，便开始探寻内心的声音，希望找到更温暖、更持续的内在驱动力。

当查尔斯·汉迪教授 49 岁时，他毅然决定离开温莎堡圣乔治学院——全英国研究神学的最高学府。他在《你拿什么来定义自己》一书中写道：“我也该离开这个温室出外打拼了，免得我最后老得动不了。我没有储蓄，背负房贷，一个老婆，两个青春期的小孩，工作年资不连续，谈不上有什么退休金。看得出眼前的日子有点暗淡，因为我只会写书和演讲。”

如此年纪、如此状况，居然也敢跳出“舒适的”温莎古堡，勇气实在可嘉！但为何如此大胆？因为汉迪教授预测到，20 世纪是“大象的时代”，大象即大型组织，它是雇员社会的坚实基础；而 21 世纪将是“跳蚤的时代”，跳蚤即独立工作者，他们有的是个体户，有的与人合伙，或拥有自己的小企业。而他——不仅要书写“跳蚤的时代”，还要真切地去体验“一只跳蚤”的心路历程。

“第二曲线”虽然是从“第一曲线”中长出来的，但两者往往截然不同。诚然，“第二曲线”会从“第一曲线”中借鉴一些经验，吸取一些资源，但它必须要有新的突破，经历一些挫折或失败，独立生长一段时间后，才能昂扬上行。正如创业破产在硅谷并不算失败，而是一种成熟的迹象。人们会很豁达地说：人人都会犯错，但不该因此而不再有梦想。

中国互联网行业最神奇的“第二曲线”，是从最残酷的“千团大战”——团购行业的爆发中长出来的。美团从5000多家团购竞争者中杀出后，在2014年终于获得了53%的市场份额，却悲哀地发现团购这个行业的发展已到了极限点。好在美团始终坚守着自己的使命——“帮大家吃得更好，生活更好”，陆续开启了十几个创新点，包括票务、外卖、酒店、旅行，等等。其中的一个创新点——外卖，历5年多的摸索，终于发展成一条强劲的“第二曲线”。2018年，美团凭借团购和外卖两大业务成功上市，市值510亿美元，上市当日一举超过了小米和京东。

【“行动”时刻】

“第二曲线”，最初只是从“第一曲线”上生发出来的一个个“小嫩芽”。试着试着，某个“小嫩芽”长势喜人，最终延展出一条生机勃勃的“第二曲线”。

试着盘点一下你在职业生涯中生发过的“小嫩芽”：我从中尝试了什么创意？我积累了哪些宝贵的人脉？在新的打拼中，我发现了自己或伙伴的哪些潜能？

只要心中有梦想，找个机会就去试试吧，一次不行，再来几次。“小嫩芽”或许能长成粗壮的枝条，或许只是淡淡几缕绿丝絛，那都是你生命力的美好彰显。

振荡期：犹豫与尝试

美国著名的散文家梭罗初入纽约文坛时，无人认可。他在车水马龙的大街上徘徊了400多个日日夜夜，痛苦而迷茫，一直反复地问自己：“我是继续留在纽约迎合别人，还是回到瓦尔登湖，去呈现自己的内心？”最终，梭罗回到了家乡。到瓦尔登湖畔的第三天，他写了一篇题为《自我解放》的文章。在随后的两年里，梭罗在湖畔搭建了一座木屋，自耕自食，创作出了淳朴自然、滋养了亿万人心灵的《瓦尔登湖》。“当你用生命去做一件事时，这件事也就有了生命。”

日鑫想写一本项目管理题材的书，把自己多年的实战经验梳理一下。开头很难，他经常在电脑前枯坐半晌，只敲出几行字；静心酝酿三五天，才能把一个案例慢慢勾勒出来，却寡淡如水，自己都没兴趣读下去。

“为啥忙活这个？”妻子看着他苦思冥想的样子，很不解。

“现在市面上项目管理方面的书都太理论化了，我想把一些实战经验和思考总结出来，树立我的个人品牌，也为下一步转型做个准备。”日鑫目前在一家高科技公司任项目总监，一年后退休，他想开一个自己的管理咨询公司。

每天写一点，再多写一点。日鑫每天都要求自己坐在电脑前一个小时，把零散的想法录进去，在项目进度表上标注“今日写作字数”“更新的案例数”。三个多月后，日鑫的思路活跃了起来，文字也流畅了许多。半年后的一天，日鑫坐窗前，桂花树淡淡飘香，梧桐叶哗哗作响，他思如泉涌，居然一口气写了6000多字。50岁时，日鑫出版了人生中的第一本书，在后记“墨点·百宝阁·手艺人”中，他写道：

“墨点，就是最触动你的那些点，先充满豪情地甩出去。人生中总会有几个充满激情的墨点，一次又一次开启了新篇章。

“百宝阁，就是写书或文章的架构。一开始，搭好了百宝阁，看看手头的几个案例，孤零零地伫立于百宝阁里。但随后，‘百宝阁’从纸上、笔尖，一点点渗透到内心，犹如磁铁一般，你的所思所见所闻，都会吸引到相关的素材，一点点纳入百宝阁中。

“手艺人，每天清晨，我以清晰而活跃的思维，细细编起一片片素材，慢慢地融入自己的思考，就能连缀出一篇篇文章来。

“做任何事情，除了Doing（行为），最重要的是Being（状态）。写作需要花一段时间培养文气。开启职业‘第二曲线’时，也需要经历一段时间聚集能量、吸引资源。”

【“心动”时刻】

看推理小说、侦探电影时，我们对不确定性充满了好奇。但在职业生涯中开启“第二曲线”走向新天地时，我们却心生犹豫、焦虑，甚至恐惧：改变还是不变？继续走下去，还是折返？到底还要坚持多久，才能看到笃定的希望？难的不是被选择的事情本身，而是选择后的不确定。

爱因斯坦曾用两个圆来讲述已知与未知的关系：当我们已知的圆越来越大时，就与未知的圆产生更多的接触，也就会知道更多未知的存在。只是，这种更广的拓展需要更强大的心力来承载，需要经历一段艰难的摸索与突破。

在振荡期，人们虽然开启了“第二曲线”，但它的资源还不充分，长势还不明显。你所能做的就是倾听内心的呼唤，专注新方向，不断地投入、再投入，直到“第二曲线”能够形成一股强劲的势能，自然而然地生长起来。正如上面案例中梭罗说的“当你用生命去做一件事时，这件事也就有了生命”，以及日鑫所说的“写作需要花一段时间培养文气，开启职业‘第二曲线’时，也需要经历一段时间聚集能量、吸引资源”。

【“行动”时刻】

要度过“振荡期”的煎熬——

首先，要清晰你的使命——成为“真正的自己”！真正的自己，无所谓“大事”或“小事”，只要是真正让你心动的、在意的事情！在《你生命中的大事》一书中描述到，所谓“大”与“小”是对立统一的，安心做“小”就能成其“大”，妄想做“大”反而会变“小”。梭罗说得很妙，我在湖边漫步，却已走遍天下。

其次，要施展你的天赋——在某一类工作中，你既有激情，又有创意，才能乐此不疲地坚持下去。因为，每个人的心底都潜藏着一种最原始的意愿——渴望实现自己的天赋。有时，我们的天赋显而易见，有时却需要反复锤炼或打磨。不论他人如何评说，至少自己能感受到一点一滴的进步。

再次，要多给自己一点成长的时间。有时候，我们的“第二曲线”即便走对了方向，也需要一点点积累，才能蓄势而发，达到专业的提升、资源的汇集、客户的认可、阶段性目标的实现，等等。

破局点：新一轮“可持续成长”

1996 年的一天，深夜一点多，在北方工业大学的一栋男生宿舍楼的水房里，伴着哗哗的流水声，平时很潇洒、此刻很勤劳的两个男生，正向面前的几大盆脏衣物发起“猛攻”，时不时地，两人也聊起未来的人生，最近读的书：

“你看那《平凡的世界》里的孙少平，虽说是 20 世纪六七十年代的一个农民，但一直在努力改变自己的命运，最终通过奋斗获得了想要的事业与生活。而我们这一代大学生的条件好多了，但为啥还是这么迷惘？”仇序感慨道。

“是啊，咱们学电子和计算机的同学大都想出国，但我英语实在不行啊，估计拿不到奖学金。毕业后也不知会去哪里，去中关村‘攒’电脑吧，也太没技术含量了。”田力有些无奈。

“希望未来有一天，咱们找到自己喜欢的一群人，做一些自己喜欢的事儿，能对社会有贡献，也算对这辈子有个交代！”仇序说得蛮有激情。

五年后，已经在一家国际通信巨头公司打拼了几载的仇序抓住了一个绝妙的机会：从 2000 年起，由于互联网泡沫崩盘，朗讯科技业务重组，决定放弃中国市场，但留下一批网络设备没人提供技术服务，也缺乏备件支持，几千万美元的设备才用了三五年，就要被迫淘汰（设备的设计寿命为 15 年）。

“咱们开个公司，为这些广电和电信客户做技术支持吧。”仇序琢磨着创业。他找了一圈外企的同事，绝大多数人都不看好这个苦活儿。最后跟着仇序一起干的，就是当年在深夜一起洗衣服、聊人生的田力，还有一位同事老黄。“以前有两拨儿人拉我创业，我都没去成。这次再不试一下，我这辈子恐怕没机会了。”老黄也想搏一把。

2002 年年初，由未满 27 岁的仇序领头，创业“铁三角”火热地干了起来。凭借专业的技术服务、海外 eBay 网络零部件的支持，以及全球维修供应链的建立，千禧维讯公司生存并发展了起来。

2007 年，最重要的一个市场机遇来了。加拿大北电网络宣布破产保护，各个大区的业务都被分拆卖掉，唯有中国区的业务没人要。当时，中国电信、中国联通的核心光传输网络大都构建在北方电信和华为的设备上。千禧维讯准确地捕捉到了这个机会，开始为国内运营商提供核心光网络的技术保障服务，团队从 20 多人快速扩张到近 200 人。仇序也更加“自信”，准备拓展至另一个更广阔的市场——国外供应商的无线通信设备。

然而，当国外的北方电信、摩托罗拉、西门子等通信企业衰落时，华为、中兴等中国通信巨头用“免费替换”的模式一举抢占了无线通信设备市场，也切断了千禧维讯期盼已久的国外老旧通信设备的服务市场。“我们的下一个落脚点突然消失得无影无踪！”仇序懵了，全公司开始裁员，争吵、冲突此起彼伏。“企业的新方向在哪里？”“我们的价值在哪里？”“现在的生活是我想要的吗？”天天不着家、陪客户的仇序一如既往地奔忙，但却看不到出路。

2012 年岁末的一天，一位朋友邀请仇序参加一场慈济慈善事业基金会举办的公益活动，朋友笑着说：“我觉得你特别像慈济人，爱张罗，爱帮助人。”在休息室中，仇序看到视频上全球慈济志工在汶川地震中的无私奉献，冲在最前，退在最后，他忍不住心潮起伏、泪流满面，依稀间，仿佛找到了心灵的归宿。

随后，仇序带着核心团队去中国台湾专程拜访慈济的创始人——证严上人，这位被誉为“东方特蕾莎修女”的法师带领全球 400 多万名志工，在 90 多个国家和地区开展慈善、医疗、教育、环保、国际赈灾等活动。慢慢地，仇序从证严上人和她的《静思语》中悟到了许多——“福从做中得欢喜，慧从善解得自在”。原来，“欢喜”是在为他人无私的奉献与服务中获得，而“自在”却是从任何事情能够善意地理解他人中得到的。

2012—2015 年，仇序差不多成了一个全职志工，只是每周一上午去开一下公司例会。其他时间，他去农村访贫、去敬老院关怀老人、推动环保项目，还飞到台风和海啸的受灾现场，参加国际赈灾。2016 年，在公司经历财务最低谷的时候，仇序和几位合伙人拿出一笔现金，成立了北京“同心圆慈善基金会”，用以资助来京治疗的大病家庭（主要是白血病儿童）。三年半来，他们通过企业及互联网筹款 4000 多万元，帮助了近 1500 个大病家庭。创业伙伴们从最初的梦想“与喜欢的人做喜欢的事”升华成了更宏大的心愿——“与有共同志向的人，做对社会乃至世界有意义的事情。”

“这三年的慈济生涯，对你、对公司有什么特别的意义？”我问仇序。

“我通过身体力行的付出，重新构建了自己的精神体系，从一个混日子的普通人成了一个有信仰、有定力的人。”仇序感慨道。

“你那几年四处做公益，公司是怎么熬过来的？”

“有几个意外的收获。2013 年，我学习了慧聪书院的‘劳动共享股份制’，将公司拆为 10 个分公司，选取了 40 余位合伙人，与创始团队共同分享创造出的利润，公司的创业激情又高涨了起来。以前，我们做大项目是要给客户回扣的，后来我跟着证严上人修行，觉得不能再这么做了，就宣布，送客户 2000 元以上礼品的申请一律不批。刚开始，销售人员们都‘炸窝’了，我们因此也丢了一些生意。但是后来，一些玩手段的销售人员辞职后，留下了一批技术型销售人员，他们服务客户非常用心，不仅技术上没得说，而且待人很贴心。有一位销售负责人，看到客户老总在办公室里老穿着皮鞋很不舒服，专程去王府井买了一双老北京布鞋送给对方，令客户非常感动。”

仇序笑着说：“我们做事待人很实诚，有一家客户把我们推荐给华为。经过艰难的技术转型及认证，我们成了华为技术认证体系中的第一批‘五钻服务合作伙伴’，在当时全国4000多家华为代理商中，只有9家获此认证，我们是最小的一家。从这之后，我们一直踏踏实实地做服务，向客户学习，努力长本事。”

2014年，仇序通过在慈济学习环保理念，发现在电信行业中，运营商的电费占到运营费用的50%以上。他就和一些朋友广泛研究不同的节能技术，从国外引进了“红外线平衡波”技术，经过三年多的产品试验和升级，这一节能产品能帮助客户节省10%以上的电费。

“一个企业的发展，要先学赚钱，再学分钱，最终花好赚来的钱，对社会和世界产生更美好的作用，从而实现个人的成长与超越。”这是仇序创业18年来在个人成长与企业经营方面的感悟。

【“心动”时刻】

经历了“第一曲线”的“失速期”“极限点”之后，“第二曲线”从“着力点”中冒出一个个嫩芽，经过“振荡期”的不断探寻，终于越过“破局点”昂扬向上，形成一条日趋稳定的“新干线”。

从仇序的创业经历中，我们能感受到三个关键的“破局点”：

第一个“破局点”，毅然离开待遇优渥的外企——创业！找准市场切入点，业务成功破局。

第二个“破局点”，面对国外通信设备的技术市场陡然缩水——转型！公司实行“阿米巴经营”，组织划小经营单元；与华为结成战略伙伴关系，当学徒、干苦活，发扬工匠精神，将专业技术服务做到极致。千禧维讯的第二条业务线成功破局。

第三个“破局点”，仇序的心智提升。“这些年来，我把现代科技与慈善结合起来，沿着‘商业向善’一路走下去，业务很健康，我心里也很踏实。”

经历心智的“破局点”，企业方可持续创新，人生方可千禧千福！

【“行动”时刻】

在跃动的职场“第二曲线”上，“破局点”是一个非常关键的转折——过了这一点，你不仅明晰了方向，而且汇聚了足够的能量和资源，形成可持续的增长之势。“破局点”何时能来，既取决于外在因素，更取决于内在因素。

首先，要有破局的心态。案例中的仇序从外企中跳出来创业时，当时很少有人愿意放弃这个“金饭碗”。即便他的创业伙伴老黄，也是错过了前两次创业机会，这次才奋然搏一把的。有时我们左右为难，看似什么都没做，但其实“不选择”也是一种选择。

其次，要有破局的行动。看似希望不大的机会，当你持续努力、不断创新时，就有可能蹚出一条新路。有时机会看似和你没关系，但当你主动走上一步、多做一点时，机会就与你相遇了。

美团的创始人王兴曾经发过一条微博，提到一次开会到夜里 12 点，需要有人整理会议记录。涉及流程图的部分，他觉得用 Vision 画比较好，就问身边一个新来的女孩子：“会用 Vision 吗？”女孩子毫不犹豫地说：“我可以学。”王兴赞叹，认为这四个简单的字里蕴含着无穷的力量。

再次，要有破局的决绝。一旦看准方向，就把所有资源 all in（全力以赴），令某个单一要素“最大化”。例如，混沌大学的创始人李善友老师，在创新方向上整整研究了 8 年，一直以哲学和科学思维来启发人们的创新思维。而电影《哪吒》的导演饺子，11 年磨一剑，制作出了这部荡气回肠的影片。“不认命，就是哪吒的命！”这句话，又何尝不是饺子的心声？

第14章 “百岁人生”畅想曲

从“三段人生”到“多段人生”

发挥天赋与潜能，追寻梦想与自由

离开“大象”岁月，跃入“跳蚤”时刻

无悔“曾做过”，遗憾“未做过”

人生四问：死亡、自由、孤独、无意义感

如果活到100岁，你的生活和工作会是怎样的？你希望拥有怎样的“百岁人生”？你的“百岁人生”是福祉，还是噩梦？

伦敦商学院为MBA学员开设了“百岁人生”这门课程。教授出了一道题：

假设你们能活到100岁，在退休前将大约10%的收入存起来，并希望退休后拿到退休前薪金的一半，最早可以多大年龄退休？

学员们缜密思考：考虑到目标养老金、储蓄收益、收入增长率等因素，最后算出来——要工作到84岁！

于是，我们以往熟悉的“三段人生”——受教育、就业、退休，即15年学习、40年工作、20年退休生活这泾渭分明的“三段人生”将很难持续。为什么？《百岁人生》一书中给出了三个人的经历：

“40 后”的 Jack：他 62 岁退休，70 岁离世。工作年限与退休年限的比例是 42：8，三段人生还比较惬意。

“70 后”的 Jimmy：他 65 岁退休，85 岁离世。工作年限与退休年限之比是 44：20，退休之后有 20 年的纯消费时光，他的三段人生很绷紧。

“90 后”的 Jane：她可能 70 岁退休，100 岁离世。工作了 49 年后，还有 30 年的难耐时光。三段人生很难维系，她将不得不开启“多段人生”——学习、工作、再学习、再几度开启职业生涯，然后退休……Jane 的百岁人生中需要更多的选择、更多的突破。

面对一个快速变化的社会，如果你不得不工作到七八十岁，那么，你要维持自己的职业竞争力，仅靠一张大学文凭，一段时间的工作经验，稍微熟悉一下生疏的知识，是远远不够的。你需要持续地学习，掌握新技能，结交新朋友，跨入一些全新的领域。

我们一生可能会连续工作 45~50 年，大约 10 万小时。

第一阶段是准备期。我们接受教育、获取专业能力、专业认证和工作经验。

第二阶段是奋斗期。我们要在几段工作上全力以赴，还要辛苦地照顾家庭和子女。

第三阶段是人生“下半场”，大约从 55 岁开始。对于许多人而言，这将是人生最漫长的阶段，也可能是我们准备最不充分、最难面对的一个阶段。

好在第三阶段会促使我们组合四种工作：有偿工作、学习、家务工作和志愿者工作。在这一阶段中，是我们形成“组合工作”的最佳时机，也是成为“理想我”的难得机遇。

从“三段人生”到“多段人生”

在今日头条上，职场顾问王翔被一个问题触动了：50 多岁的女人想打工，怎么找工作？瞬间，她的脑海里浮现了一个人：“好慷在家”公司的家政服务员吴阿姨。

吴阿姨 50 多岁左右，当她来到王翔家时，讷讷地说：“你们家是我来北京后的第一个客户，我有什么做得不到位的，请您多谅解。”在随后的 3 个小时里，吴阿姨干活麻利，不仅把屋子收拾得窗明几净，还整理好了地上、沙发上、阳台上的各种书籍、报纸。其间，王翔给吴阿姨倒茶、送水果，让她歇一歇，她都礼貌地谢绝了。

在家政服务快结束时，王翔得知吴阿姨的丈夫和女儿都在河北，不解地问她：“你为什么一个人来北京？”

吴阿姨叹了一口气说：“我老公是钢厂的，去年下岗了，女儿今年上高三，眼看着上大学需要一笔钱。”随即，她很骄傲地说：“我女儿学习特别好，从来没下过前三名。”

在吴阿姨临走前，王翔送给她一本适合青少年阅读的励志书籍。随后一周，王翔又向几位朋友推荐了这家家政公司和吴阿姨。一段时间后，朋友们都反馈说，吴阿姨是他们请过的最用心的家政服务员。而吴阿姨也时不时地和王翔微信联系：“我在北京干得挺顺，每月收入 6000 多元，家里人蛮放心的。”“我女儿说谢谢您，她现在特别有动力，准备考北京的大学呢！”

王翔感慨良多，以往 50 岁对于许多女性而言已经是退休的年龄，但是如今许多女性主动或被动地要在这一生命时段寻找新的出路。于是，她写了一段温暖而亲切的回答并附上一张照片，答复今日头条上的这个问题：

先恭喜你啊，50 岁，算是开启了我们人生的下半场。在《百岁人生》这本书里，两位经济学家提到，由于健康产业和社会保障体系的发展，目前 50 岁左右的人，有一半能活到 95 岁以上。

想打工，怎么去找工作呢？目前，专业服务类工作是最可能的方向。

如果您的学历不高，可以试一试家政公司、精品连锁酒店（很多连锁酒店在各个城市都有分店，需要大量的客房服务人员，管理上也挺规范的），还可以去一些餐饮公司找机会（最近新冠肺炎疫情严重，但是等疫情过后，餐饮业还是有巨大需求的）。“做事勤快、用心，待人真诚，上手快”，这几点都是服务行业非常重要的能力和素质。

如果您有一定的学历，例如大学本科毕业，可以试着做一些知识含量比较高的工作。在线教育中的小班教学、一对一辅导、当班主任，各学科都很热门；或者，在一些培训公司里，您可以参与客户服务或项目管理。此外，一些大健康公司、保险公司也都非常需要有社会阅历、有人脉的中年女性。

在 50 岁之后出来找工作，一定要多尝试，多跟周围的朋友问一问，寻找各种可能的机会。同时，边干边学，持续“充电”，您能上“今日头条”提问，就说明已经很有社会资源和互联网意识了。期待并相信您一定能走上新的职业道路！

照片中开朗的老人家是我的老师玛利亚，她是加拿大人，到 2020 年整整 100 岁了，现在还写书、讲课呢！每年，玛利亚老师自己一个人从加拿大乘 14 个小时的飞机来中国讲课，生命如此自由和美丽，你也会的。

王翔的这一回答刚发布，就被今日头条推上了首页。几天后，阅读量超过了 2 万次，还有几十条私信和留言。她真没想到，50 岁之后的女性，对于新的职业生涯有如此多的思考和共鸣。

【“心动”时刻】

工作者是美丽的，存在未来的“百岁人生”更是如此。除了一份能发挥你的才干、体现你的社会价值的有偿工作之外，另外三种工作也很有意义：

一类是家庭工作：洗衣、做饭、育儿、养老、整理内务；

一类是志愿者工作：你可以在各类专业协会、社区或某一个公益性组织中担任不同的角色，为这个世界做出自己独特的贡献；

还有一类是学习：明晰你心中的“那座山”，持续攀登下去，一点点积累。不管目标怎样遥远，怎样高不可攀，你都会在人生中到达“那座山”，或者离它越来越近。

在绵延百岁的“多段人生”中，你的有偿工作、家庭工作、志愿工作和学习会交错出现，形成各种独特的组合。

【“行动”时刻】

精打细算一下你一年的时间应该怎么分配吧。假如你是一位知识工作者，那么：

学习和研究，再加上一些创造性工作，一年至少要花 100 天左右，这是最基本的时间投资了。

关于有偿工作：你或许会面临一种尴尬的选择，你热爱的工作未必能带来丰厚的收入，相对陌生、有些不情愿的工作，却有可能带来固定的收入。那么，在 120 天的时间里，你就要智慧地分配一下对二者的投入度，这里既有“阿堵物”，又有“诗和远方”。

关于家庭生活，那将是丰富多彩的 140 天。其实，当我们做全职工作时也没那么辛苦，算上每年的周末、法定节假日和带薪年假，也大约有 130 天。现在，我们可以更自如地享受家庭生活了：不仅要做家务、带孩子、照看老人，还要留出足够的时间给自己，看电影、健身、旅游、与朋友喝茶聊天。更好地爱自己，才能无怨无悔地爱他人。

发挥天赋与潜能，追寻梦想与自由

2017 年发布的一份文件加快了徐老师的决策进程：她决定 55 岁退休。

这份由中共中央组织部、人力资源和社会保障部签发的文件部分条款规定：“党政机关、人民团体中的正、副县处级及相应职务层次的女干部，事业单位中担任党务、行政管理工作的相当于正、副处级的女干部和具有高级职称的女性专业技术人员，年满 60 周岁退休。上述女干部和具有高级职称的女性专业技术人员如本人申请，可以在年满 55 周岁时自愿退休。”

一石激起千层浪，这份文件在徐老师的朋友圈里成为一个热烈讨论的话题：一些想早几年退休的女干部、女高知看到了希望，以前不可能实现的愿望现在有望成为现实了。

据徐老师介绍，朋友们想提前几年退休的原因主要有以下几个方面：家中老人身体不好，需要照顾；自己身体不好，难以完成考核指标；先生工作太忙，自己又工作又操持家务，感觉太累了；工作了几十年的岗位缺乏挑战，经常感觉自己在浪费生命；过了 50 岁，越来越被边缘化，工作中经常不开心；和领导关系紧张，不想像年轻人那样委曲求全了；从事的工作与自己的兴趣、能力、价值观不匹配，缺乏成就感，想换一份工作；自己的专业和经验刚好和某些社会需求相匹配，想在余生再大干一场，等等。

徐老师说，有提前退休想法的人很多，但是敢于提出申请并成功实现的人并不太多，主要原因可能是收入方面的限制，因为退休后收入可能减少一半以上。尤其是那些没有一技之长的人，如果离开现有岗位，收入真的会减少很多。相反，那些有一技之长的人，例如律师、医生、咨询师、教师等，离开现有岗位还可以在社会上继续发挥余热，退而不休，收入不仅不会减少，还可能有所增加。

“徐老师，那您属于哪种情况呢？”我听完徐老师详细的分析后，笑着问她。

“论原因，刚才说的那些我多少都有一点。但最主要的是我想换一种活法，尤其不想让自己多年的积累白白浪费。”徐老师的声音有些激动。

“您主要做了哪些积累和准备呢？”我知道，徐老师一直是动力满满的。

“我比较幸运，30 多岁时就读过彼得·德鲁克的书，知道知识工作者需要提早为自己的后半生做准备，我也一直坚信，机遇总是偏爱有准备的头脑。”

“我在大学里本来是教中文的，十多年前一个偶然的机会接触了法律，我很感兴趣，于是就开始了漫长的自学之路。我参加了一些培训，也通过了律师资格考试。后来，我利用节假日在朋友的律所帮忙，也接了一些案子，还和朋友一起出版了一本书。做这些事情，我很有成就感，也很开心。尤其在帮助他人讨回公道，赢得公平公正的结果时，我会感觉自己的人生很有价值和意义。”

“退休以后您打算做什么呢？”

“说到这个话题还得谢谢你！那天我找你聊的时候，你问了我几个很重要的问题，回去后，我又把这几个问题仔细地想了想。想清楚了，整个人都变得轻松了。我也要开启职业的‘第二曲线’了——和朋友一起打理她的律师事务所。希望 10 年后，我能成为国内很有影响力的律师。”

“您再说说我的哪些问题触动了您？”

“就是那几个问题，”徐老师干脆利落地罗列道：

“你想成为什么样的人？

“你有哪些独特的优势？

“你的服务群体是谁、他们有什么痛点和需要？

“你可以从哪些方面提供有价值的帮助？”

“我觉得这些都是特别好的问题，引发了我很多思考。”徐老师爽朗地笑道。

听完徐老师的想法和收获，我也很开心！

祝福她！55 岁之后的徐老师，将驶向生命中的一片蓝海。

【“心动”时刻】

管理学大师彼得·德鲁克曾经说过，知识工作者应该在 40 岁左右为自己的下半生做好充分的准备，到了退休的年龄，如果拥有足够的工作和社会经验，身体也足够好，可以跟随自己的内心和兴趣，开启崭新的“第二曲线”。在国外的企业中，大部分职场人在职业生涯中会换五六次工作。

在 21 世纪，世界上有 1/3 的成人正处于人生第三阶段——55~80 岁。如果我们用心地规划，这 25 年将是智慧而有生产力的，不仅有财富的积累，还会有多元化的、造福人类的产出。每个人都可以自由地挣脱过去，去塑造一个更有趣的、更鲜活的自己。

【“行动”时刻】

像精算师一样，认真地算一算自己的人生。

- 我距离退休还有多少小时?
- 我怎么分配这些宝贵的时间?
- 我应为退休后的生活做些什么准备?

离开“大象”岁月，跃入“跳蚤”时刻

“一个月里换了四次工位，公司里人心乱乱的，迫不得已，自己跳出去试一试吧。”麦哥道出了自己 2019 年年底时的心态。他在一家著名互联网公司工作了 9 年，算是名副其实的“老人”了，能痛下决心实属不易。

“如果不是因为公司频繁的内部调整，你会跳出来吗？”我问他。

“也会吧，心里还是有一颗小小的种子，想在 40 多岁之后奋斗一把。”麦哥说道，“之前就职过三家国内知名的互联网公司，一直是‘替补队员’‘救火队友’，自己也想当一把满场飞的自由人。”

“那你今后的定位是什么？”我觉得麦哥应该已经深思熟虑好久了。

“我之前做过销售，后来又管过全国经销商，建过华北区的渠道大学。今后，我最想做的是培训和微咨询，实打实地提升经销商和代理商的业务能力。”

“麦哥，你对互联网行业的培训和咨询是怎么看的？”

“大量的小微企业都希望获得实用的培训或咨询，小而快，而且最好能持续一段时间的教练辅导，将培训和咨询的效果落实下来。此外，我发现互联网公司中的很多员工虽然能高效地完成一项项任务，但严重缺乏两点意识：什么是‘真正的好’‘我自己有什么目标’。所以，他们一方面缺乏良好的职业素质，另一方面内心很无助、很茫然。我准备运用一些心理学知识，支持年轻职场人的自我成长。”

“是啊，在过去十余年里，很多互联网公司过于强调技术创新，只重视几个技术‘大拿’，而不太注重培养其他人员的职业素质。”我深以为然，“如今，互联网的红利期已经结束了，许多互联网企业开始转型或升级，都希望培养人才、优化管理。”

“你有什么担心吗？”我问麦哥。要知道，一个人在大公司里待了 20 多年，无论怎么准备，刚出来的时候都不容易。

“一开始还是挺焦虑的。最近谈了五六家客户，心里刚刚踏实了一点。”麦哥洒脱地笑了笑，“我现在并没给自己框定一定要创业，就是去闯荡闯荡。如果发现不合适，我也不拒绝再回企业。但那时，我的视野和心态肯定会不同了。”

“你就是企业家们最需要的‘创业经理人’了，”我笑着说，“既有职业经理人的能力和素质，又具有宽阔的视野和拼搏精神。我最近刚写了一本《创业经理人》。”

“那我得赶紧读一读，增加一点心理能量！”麦哥笑着说。

【“心动”时刻】

在雇员时代的“大象”型组织中，人们会获得三种“心理营养”——安全感、归属感和价值感。

安全感：每天清晨，你都会奔向一个固定的场所，施展自己的聪明才智；在每月固定的日子，你会有一份薪水到账；在每周的工作计划中，你知道自己会干什么，需要产出什么？在身边的伙伴中，有些是你喜欢的，有些是你讨厌的，但你在工作中至少会发展出一两段还不错的友谊。

归属感：如果你幸运的话，在工作中想出的好点子会有人“点赞”，做出的成绩会获得欣赏和认可，遇到困难会有人鼓励你，甚至“雪中送炭”给予支持。有人说：“做什么很重要，但更重要的是跟谁在一起工作。”可见，归属感在工作中起着举足轻重的作用。

价值感：当你完成一项很有挑战性的任务，或者带领一个团队拿下一个项目、完成一项艰巨的工程时，你会获得独特的成就感。在公司的年会上，当你受到表彰、被赋予更光彩的头衔时，你更会加感受到自己的价值，庆幸自己是组织中优秀的一分子。

在“跳蚤（自由职业者）时代”，你离开了熟悉的组织，如何找到新的归属感和安全感？

查尔斯·汉迪教授在 49 岁时，离开了学术机构温莎堡的圣乔治学院，成为自由而孤独的“跳蚤”。为此，他拟定了四个生存法则：

其一，正视人生——寻找未来的意义，确定自己的目标；

其二，寻找归属感——如“炼金师”一般，建立自己的团队；

其三，保持学习力——你的巅峰期总是在进行“下一个”项目或发明时；

其四，亮出新名号——自信地打出名号来，尽管内心也有自我怀疑。

“你是哪个单位的？”“你属于哪个集团？”“你代表谁？”去除了组织的光环、公司里的头衔，我们究竟是谁？

英国自由作家安东尼·桑普森曾经笑言：“我打算说我代表人类……拥有不可剥夺的生命权、自由权与追求快乐的权利。”

【“行动”时刻】

除了你辛苦获得的职称、头衔，请思考一下——

- 我最引以为傲的三个特点是什么？
- 假如离开现在的组织，我可以贡献什么？
- 假如没有组织的光环，我独特的价值是什么？

无悔“曾做过”，遗憾“未做过”

48 岁时的一次邂逅，让“理工男”麟呈的人生开启了一条温情的曲线。分别 23 年后再度相遇大学时的恋人，他感慨不已，“写一部小说吧，纪念那段逝去的美好情感。”麟呈研究过 20 年提铀工艺，做过 17 年安防管理工作，完全的理工科背景，如何开启文学之路呢？

好在麟呈从小就喜欢文学，中外经典名著中他最喜欢《红楼梦》，尤其对书中温婉动人的诗词念念不忘，“那是一个个人物的心声和灵魂”。在核工业部某设计院工作期间，麟呈白天钻进矿山做实验，晚上一遍遍地品读《红楼梦》，还用一张绘图纸细细绘出了红楼梦人物的结构图。如今，他自己要写小说了！他每天在上班的路上打腹稿，下班后在草稿上梳理一条条故事线，将冒出的灵感、碰到的好故事一点点补充进小说的框架中。这一写就写了 10 年，笔尖流淌出了 4 万字的《青山外，水流长》。看过的朋友们很感动，又给麟呈提出了不少建议。接着写吧——两个人的感情故事扩展到了更多人的命运起伏。几年后，《青山外，水流长》扩展为三部曲，总共 20 万字！

麟呈一直信奉“活到老、学到老”的人生哲学。一次，他在中央电视台听到了余秋雨先生的演讲“寻找远方的自己，创造圈外的生活”，极有共鸣。“每个人都要不断地提醒自己，不断地突破围城，不怕孤独，不怕重新开始，去寻找远方的自己，去追求更精彩的生命。”退休后的麟呈，把生活向更广的艺术领域拓展。

一个夏日的清晨，麟呈走进紫竹院公园，看到几十个人“长枪短炮”地守候在荷塘旁，等着抓拍晨光中的荷花。“老先生，我能不能看看您的取景？”他向几位摄影师取了经，又回去翻看了很多荷花主题的摄影作品，若有所思：拍荷花的人很多，但很少有人拍荷叶。此外，能不能在摄影作品中增添一些文学气息呢？

于是，整个秋冬，麟呈翻遍了中国古诗词和古典文学中描写荷花的诗句，一共摘抄了 40 多页，共 700 多句与荷花相关的诗句。他常看常思，不断在心中揣摩荷花的身姿、风貌、神韵……第二年初夏开始，他流连于清华园、紫竹院公园、植物园，从小荷叶冒尖开始，一直拍到满塘盛荷、一片残荷。他精选出 50 多幅荷花作品，用娟秀的楷书在每张照片的背面都题写了相关意境的古诗词。

亭亭玉立的一朵白荷，“玉是精神难比洁，雪为肌骨易销魂”。（曹雪芹《红楼梦》）

略略垂下的一朵残荷，“娇羞默默同谁诉，倦倚西风夜已昏”。（曹雪芹《红楼梦》）

星光下的荷塘，“菡萏香消翠叶残，西风愁起绿波间”。（南唐·李璟·《浣溪沙》）

摄影加上古诗词，麟呈从中体会到了光影与文字交融的独特魅力。于是，他又连续奔波几年，拍摄了菊花、郁金香、兰花、月季等系列作品。原单位先后三次为麟呈举办了个人摄影艺术展。书法家尹祚珠看完展览后很钦佩一位老年人在摄影上能如此坚持，如此创新，他写下一幅长卷送给麟呈，“遥览群山如浪涌，奔腾不息向天穷。何以极目能望远，为因脚下有高峰。”

从此，麟呈的艺术之路越走越宽。一天，他在小区中听到一人讲述文玩核桃的养生功效，听完后建议道：“老兄，你能不能归纳一下，写一本书？”两位老人家一见如故，不仅一起逛潘家园文物市场，还结识了享誉京城的文玩核桃收藏家李玉成。在麟呈的镜头下，一件件文玩核桃摄影艺术品造型灵动、光泽如釉、宛若仙品，三位老先生还因此上了《夕阳红》的专访节目。随后，麟呈参与了《核桃把玩与鉴赏》一书的写作和摄影，还作为副主编参与了《中国麻核桃》的编撰，此书成为世界核桃大会的文创作品之一。

除了摄影，麟呈退休后的“打工生涯”也是多姿多彩，他曾在七八家企业担任顾问：中科院力学所的“水洞设计”项目组、河北德胜农林公司的花木种植，还有北京青阳文化公司、瑞酷珠宝、北京艾通生物医药公司，等等。“有的是‘义务劳动’，出出主意啥的，”麟呈笑着说，“重要的是交新朋友、学新知识，让退休生活多些乐趣。”麟呈在自家的阳台上有一个小工作台，“百宝阁”里的一件件核桃雕刻、玉石手串和挂件大多出自这个“迷你小作坊”。

最令人震撼的是，麟呈的书柜里摆放着厚厚的一大摞读书摘抄本。在最近五六年间，他每天看书时抄录一些，已经写到了第 28 本，约 90 多万字，分为知识、哲理、文字、家庭、养生，修养、人生等十几类。此外，麟呈还精编了一本《读书摘抄·精炼版》，配上自己原创的艺术照片，读来颇有情趣，经常被朋友们借阅。

在此，由衷致敬麟呈老先生——我家年逾八旬的公公！这位“理工男神”的艺术追求和多彩人生，让我这个文科生钦佩不已。

【“心动”时刻】

上文中的麟呈老先生在退休后尝试了许多事情——艺术摄影、文玩核桃、玉石雕刻、咨询顾问……不仅有“第二曲线”，还有第三、第四条曲线呢！老先生感悟道：“跨界时，不能有限制性信念，如果有，就很难把事情做好。一心去做一件事，大脑的快乐素、兴趣素就会分泌很多，也就增加了完成的信心和坚持的决心。”勇于尝试、乐在其中，不知不觉间，麟呈老先生退休后的 30 余年，实现了一个又一个艺术梦想。

鲍伯·班福德在《人生下半场》一书中写道：“如果人生的上半场是追逐成功，下半场则是达成意义的旅程。人生下半场，应该是我们一生中的黄金时代，事实上，可以成为个人的‘文艺复兴时期’。”你准备好了吗，走上自己精彩的“文艺复兴”之旅。

有一个故事，曾经有一位犹太教拉比，一辈子都为自己才能不足，无法成为另一个摩西而难过。有一天上帝安慰他：“在未来的世界，没有人会问你为什么不是摩西，却会问你为什么‘不是你自己’”。

是啊，为什么我们没有去尝试自己的梦想？没有发挥出自己的潜能？没有做一两件自己魂牵梦萦想做的事？甚至没有尝试过一两件有点傻却很勇敢、至今想起来依然怦然心动的事情呢？

【“行动”时刻】

做两个练习吧。

其一，梦想书。写下一个自己内心最渴望的梦想：假如一切都不是阻碍，我最希望实现的一个梦想是什么？想象一下那个梦想成真的画面：我会是什么样子？周围是怎样的氛围？试着从现在开始，为梦想做一点准备，或者尝试一下从 0 到 1 的突破。

其二，遗嘱。为自己预先写一份遗嘱，回顾自己的一生，挑出自己最引以为傲的三件事。每隔一两年，再翻出这份遗嘱来看看——我的这三件事中有什么需要调整的。

人生四问：死亡、自由、孤独、无意义感

关于死亡和无意义感

“我将自己的全部人生都用来追求名誉、外表和金钱。不过是借此逃避死亡必将到来这个不争的事实罢了。”傲慢、自私的中年官员伊凡·伊里奇身患绝症，在生命的最后时刻，他发现了自己的同情心，那股来自心灵深处的全新感受：对亲人的柔情、感恩，为自己曾经给他们带来痛苦而感到愧疚。最终，他没有在疼痛中死去，而是在充满柔情的愉悦中安然合眼。托尔斯泰在小说《伊凡·伊里奇》中生动地描述了一个迟来的“觉醒体验”。

“虽然肉体的死亡会摧毁我们，但是对死亡的观念却能拯救我们。直面死亡——不仅不会带来毫无意义的人生，令人陷入绝望，相反，会引发‘觉醒体验’，令人更加完满地活着。”心理学大师欧文·亚隆在他的著作《直视骄阳》中写到。2020 年新冠肺炎疫情期间，人们“蜗居”家中，面对生命、家人和经济等不确定性，开始思考死亡、自由、孤独、意义等人生命题。《直视骄阳》这本书再度畅销。

我们来看看一代伟人周恩来的生死观和价值观。

“生死参透了，要努力为生，还要努力为死。”周恩来在诗作《生别死离》中表达了自己的生死观。

当一位师长问一众十二三岁的学子：“请问诸生为何而读书？”学子们踊跃回答：“为明理而读书”“为做官而读书”“为挣钱而读书”“为吃饭而读书”……12 岁的周恩来站了起来，清晰而坚定地回答道：“为中华之崛起而读书！”

关于孤独

17 世纪法国哲学家、数学家帕斯卡曾说：“人类的一切痛苦皆源于不懂如何孤独地生活。”

“我做故我在”比“我思故我在”更为真实，英国管理哲学大师查尔斯·汉迪如此说。环顾当今社会，的确如此，我也是其中的一个。在新冠肺炎疫情期间，

我一开始惶惶不可终日，觉得每天只能吃饭、睡觉、散步，终究不是我这个年纪应该呈现的状态。慢慢地，我终于找到了几件能做的事情：写作、看书、备课、录微课……每晚睡前数数自己写了多少字，看了多少书，或者写了几页 PPT，这样能让自己安定下来。

关于自由与意义

我在 2019 年参加混沌大学的领教营时，学员们每人要录一段视频，向大家介绍“你是谁”。在 40 多年的人生中，我第一次用了这种时尚的自我介绍——我是“斜杠青年”曹宇红。这个“斜杠”后面有什么呢？心理资本专家、领导力教练、某公司的联合创始人、某公司的合伙人。假如去掉这些“斜杠”，我究竟是谁呢？一个志大才疏爱玩耍、爱学习、爱忙活的“侠女”。后面的这个“我”应该是更有爱、更自由的一个人。

每一个人都渴望自由，都追寻意义。假如去掉了你在社会组织中的头衔和光环，去掉了你在家庭中的角色和责任，回到活泼泼的生命，你究竟是谁呢？或者思考下，你希望在人生的终点，最终成为怎样的一个人？

【“心动”时刻】

死亡、自由、孤独、无意义感，这四个人生命题彼此融汇，贯穿着我们几十年的职业生涯以及退休后几十年的生活。

在每一条职业曲线切换时，你有可能收入大跌，一切都要从头开始，也很有可能进入一个新世界，开启一段激动人心的生活。例如，有人为了环游世界，放弃了在公司中的高管职位；有人离开繁华的都市，搬到偏僻清静的农村，开启了心灵成长的道路；有人辞去了光鲜的企业职位，与跨界人才进行“青涩组织”“社会组织”的尝试；有人放弃年薪百万元的工作，从头开始学习艺术，挥洒心中一直跳动的激情。

当人们可以自由选择想做的事情，就会更加全身心、幸福地投入其中。

他们的工作与生活融合在一起，与生命的能量“调和”在一起。“我愿意”“我享受”——这种全然沉浸的状态，与“我不得不”“我应该”两者的状态是迥然不同的。

在管理学家道格拉斯·麦克雷格的 X 理论和 Y 理论之外，马斯洛又提出了一个更有灵性的 Z 理论。按照人的需求层次来说，X 理论层次的人更看重生存需求、安全与保障。Y 理论层次的人更看重归属感、情感、尊重等内在因素。X 和 Y 理论层次的人更务实、更多地活在当下。而 Z 理论层次的人更关注的是超越性需求和存在需求，他们更加超凡脱俗，例如，爱因斯坦、赫胥黎、马丁·布伯（2019 年，我们曾经在“智乐”读书会中分两期品读了他的著作《我和你》），等等，他们具有更广泛的共识，更多的高峰体验。

【“行动”时刻】

试着问问自己——

- 我希望以怎样的方式度过人生最后的十年？
- 当我离开时，最希望留给人间的是什么？
- 假如可以跟任何人共度余生，我会选择哪几个人？
- 我孑然一身来到这个世界……几十年后，又孤身离开。在认识我的人的记忆中，“我”会留下什么印记？

以上这些问题，触碰了人生的四大终极话题：死亡、自由、孤独与无意义感。

请找一个心情宁静的时刻，拿出一支笔，针对每一个主题写下一两句自己的感悟……写完之后，你的内心有何感悟？带着这样的思考，你今后的生活会有什么不同？

【再回首·本章金句】

- □“第一曲线”总有生命的气数，“第二曲线”总是要开启的，无论是主动还是被迫。
- □ 开启“第二曲线”，不仅需要理性分析，还需要想象力和直觉，最重要的是拥有踏入未知领域、迎接不确定性的勇气。
- □ 穿越“极限点”，需要灵活的应变力，放下“受害者”心态，运用自己的社会资本和人力资本，快速寻找新的职业方向。
- □“破局点”何时能来，既取决于外在因素，更取决于内在因素。
- □ 知识工作者应该在 40 岁左右为自己的下半生做好充分的准备。
- □ 在绵延百岁的“多段人生”中，你的有偿工作、家庭工作、志愿工作和学习会交错出现，形成各种独特的组合。
- □ 我孑然一身来到这个世界……几十年后，又孤身离开。在认识我的人的记忆中，“我”会留下什么印记？

【参考文献】

[1] 查尔斯·汉迪．适当的自私 [M]．赵永芬，译．北京：东方出版中心，2017.

[2] 查尔斯·汉迪．我们身在何方 [M]. 周旭华，译．北京：东方出版社中心，2017.

[3] 琳达·格拉顿，安德鲁·斯科特．百岁人生 [M]．吴奕俊，译．北京：中信出版社，2018.

[4] 斯蒂芬·库伯．你生命中的大事 [M]．徐阿晴，译．北京：中华工商联合出版社，2014.

[5] 鲍伯·班福德．人生下半场 [M]．杨曼如，译．南昌：江西人民出版社，2004.

[6] 亚伯拉罕·马斯洛．人性能达到的境界 [M]．曹晓慧，译．北京：世界图书出版公司，2014.

[7] 欧文·亚隆．直视骄阳 [M]．张亚，译．北京：中国轻工业出版社，2015.

致谢

本书的缘起，要特别感谢我的好朋友——电子工业出版社经管分社的副总编晋晶女士。去年，她给我讲过两个年轻人的故事（一个年轻人的突然自杀，一个职场人的抑郁之苦）引发了我的许多思考：如何为职场人增添心理能量？如何在职场的“不确定性”中添加更多的“确定性”？在与晋晶的一次交流中，我突发奇想，何不用经济学的概念——升值、止损、复利和溢价来诠释我们漫长而熠熠生辉的职业生涯。

本书的底层能量，受到三位老师和三个组织的影响：在许晖老师创办的“溪山读书会”中，一众书友“知不知、求不同”，广泛涉猎国际前沿的管理、经济和人文类书籍；在孔洁老师创办的“智乐读书会”中，我浸染了 7 年多，从文化和创新视角受益良多；在李善友老师创办的“混沌大学”领教营中，我从一个个创业、创新案例中体会了“第二曲线”的魅力。

我要特别感谢纪桂萍老师，她不仅是中科院心理所的一位资深专家，更是一位温暖宽厚的管理者。我在心理所继续教育学院任教快 10 年了，每每在清晨看到老人家操劳的身影，在午间看着她对老师们嘘寒问暖。“因为您的智慧和包容，我们这里才成为一座群芳吐艳的‘大观园’”——有一年，我在给纪老师的贺卡中这样写道。而我在心理所结识的众多学员，有不少已成为知心好友，他们的成长历程出现在本书的许多案例中。

在本书的写作中，我还要感谢一些关心和支持我的老师和朋友们：王钧老师、王筱洁老师、傅思建老师、于翠霞老师、闭江艳、陈思旭、陈燕、仇序、张蕴仪、曾云、王晓燕、小蜜、张宇婷。

此外，还要特别感谢我家的三位“男神”：公公帮我提供了精彩的案例和素材；爸爸帮我校稿；我家先生随时随地分享好点子、好素材；而我家的“魔法小仙女”虽然有时气得我头发晕，但更多的时候，她真是我的“贴心小棉袄”——端茶送水，切一盘水果，或者来一段手法绝妙的颈部按摩。

后记：向上长叶，向下生根

在 2020 年突如其来的新冠肺炎疫情中，我和绝大多人一样“蜗居”在家，一边享受着简单、闲散的生活，一边畅想着疫情结束后紧张而丰富的工作。

疫情期间，不用工作、不必出差，没机会出游，没机会在职场中打拼……却有大把的时间去面对自己、面对亲人，面对触手可及的家长里短、柴米油盐，面对生命中更本真的话题——死亡、自由、孤独和无意义感。

假如你被病毒感染、慢慢走向死亡，你此生最欣慰的是什么？最遗憾的是什么？

没有人要求你工作，给你明确的指令，你在难得的自由下何以安身？如何安心？

你和家人同处一室，有更多的时间交流，你是更孤独了，还是更充实了？

在前途未卜的局势下，你认为存在的意义是什么？你如何去创造生命的意义？

当我列出这些问题的时候，我也在扪心自问，越问越焦虑。总要做些什么事情吧，否则，这就是生命难以承受之轻！于是，我在 2 月初构思，在 3 月中旬截稿，以火箭般的速度完成了初稿。可见，焦虑的推动力多么强大！在此期间，我与另外两位作者陈群和孙合龙密切沟通、组织素材，三人身处异地，却感受到彼此温暖而有力的支持。

写作，既是一种疗愈，也是一种成长。每天，当我看着“写作进度表”里多了几百字或几千字，心里就有了一种温暖的踏实感。站在空荡荡的中关村广场上，驻足在中国人民大学对面的天桥上，或者徜徉在海淀公园的小山坡上，就着一道阳光、几丝寒风或者疏疏朗朗的树影，构思出一个个案例，写下一段段文字，久违了的幸福感和“心流”一次次涌上心头。闻声如见面，给朋友们拨去一通通电话，聊聊最近的趣闻，怀念彼此相识的朋友，或者探讨一下对方跌宕起伏的职业生涯，又亲近，又有趣。

一段段职业生涯，犹如开枝散叶的大树，隔几年，就别有一番风华。

一次次个人成长，犹如绵延生长的树根，看似缓慢，却长得沉静有力。

因此，当我们开启职场“第二曲线”时，只要根基足够深厚，不论眼前的树梢上是纤纤一根嫩枝，还是莹莹几片绿叶，未来，都能长成郁郁葱葱的华盖。这本书中的四个篇章——升值、止损、复利和溢价，正是我们探寻职场生涯的“根基”。

曹宇红

2019 年 3 月 14 日

写于北京海淀

红利一：30把“心理秘钥”

为了便于全面地了解本书的心理学内容，我们梳理出各章中的心理学概念。心理学流派众多、概念繁杂，但最终想要生发的都是人性中的美好和智慧。“等闲识得东风面，万紫千红总是春”。

第3章　彰显你的个人品牌

个人愿景　你心中关于“最好的自己”的美好画面。

清晰的“个人愿景”能激发潜意识的力量，但它要包含三个要素：简洁、正向的语言；有一种画面感；有炽热的情感。

吸引力法则　是指思想集中在某一领域的时候，跟这个领域相关的人、事、物就会被它吸引。当你有了清晰的“定位”，并开始思考、行动、反思，你将充分发挥“吸引力法则”的神奇作用，心想事成、日新月异。

光环效应　又称晕轮效应，它是一种影响人际知觉的因素。“爱屋及乌”“一白遮百丑”，等等，都是光环效应在社会生活中的生动体现。从这些成语可见，光环效应具有片面性、表面性的特点。

刻板印象　1922年，美国著名记者李普曼拿这个词来形容人们对某一个社会群体形成的过于简单、僵化的印象。

比较优势　是指主体由先天的“要素禀赋”或后天的学习创新，形成了具有较高附加值的相对优势。犹如一个经济体的三大“要素禀赋”——自然资源、劳动力和资本，职场人的“要素禀赋”是什么呢？——天赋、人力资本和心理资本。

第 4 章　大情小事

安全感　就是渴望稳定、安全的心理需求。属于个人的内在精神需求。由于天生特质、原生家庭或过往的职业经历，每个人的安全感需求不尽相同。

同理心　是关于我们当下的状态和我们的关注点。同理心不在于我们如何说，而在于我们如何去听。

信任感　因相信而敢于托付，这就是信任，也是信任感的基础。信任包括四大核心要素：诚信、动机、能力和成果。

第 5 章　解密冲突

镜像知觉　是一种人际间的偏见。当双方觉察到冲突时，至少有一方对另一方存在误解，随即，此误解在两人间不断地自我证实，进入恶性循环。

一致性沟通　在“一致性沟通”中需要兼顾三个要素：自我、他人和情境。我们在压力下很容易忽略其中的一个或两个因素，因而出现指责、讨好、打岔、超理智等应对姿态。

非暴力沟通　是一种爱的语言，它以同理心为基础，注重深度倾听，满足人性深层的需要。NVC 是心理学家马歇尔·卢森堡博士在 20 世纪 60 年代提出的经典沟通理论。

房间里的大象　是指那些触目惊心地存在，却被有意识地忽略甚至否定的事实或感受。它是人际沟通中的隔阂、组织中的暗流。

超级目标　是指面对一个共同的外部危机时，竞争者之间团结起来、共同协作而完成的目标。

第 6 章　甩掉拖延

成长型思维　人们在面对失败时有两种思维，斯坦福大学心理学家卡罗·德威克表明：一种是固定型思维，一种是成长型思维。当事情越来越难时，固定型思维的人就开始退缩，他们不想冒失败的风险；而成长型思维的人则认为，能力是可以发展的，通过努力工作，可以变得更聪明，更擅长某件事，即便在尝试中一次次失败，也会从中吸取经验，做得越来越好。

第 7 章　转化焦虑

自我价值感　指个体接纳和认可自己，是一种积极的情感体验。

“自我价值感”的建立有三个来源：

其一，来自自己和他人的比较；

其二，来自别人的观点和评价；

第三，自主选择，扮演一个独特的角色。

第 8 章　走出抑郁

正念　源自古印度佛教的“禅修”，通过坐禅、冥想、参悟等方式，有意识地觉察当下，而不做任何评判。

原生家庭　是指我们从出生到 18 岁之前的家庭。在耳濡目染中，我们的人生观、价值观，如何应对压力，如何处理矛盾，如何看待金钱、友谊、亲密关系，等等，大多在原生家庭里初步形成。

第 9 章　人力资本：你擅长什么

组合创新　我们在职业生涯中的“组合创新”，就是职业“基本要素”的各种新组合。第一步，将自己的核心优势拆分为基本要素；第二步，再将“基本要素”重新组合。

权威感　使人信从的力量和威望。有三种方式可以快速地建立“权威感”：头衔、衣着和口号。

第 10 章　社会资本：你认识谁

强连接和弱连接　人际关系可以被分为“强连接”和“弱连接”。强连接就是和你拥有亲密关系的人，弱连接指仅有点头之交关系的人。在复杂的人际网络里，“弱连接”往往比“强连接”更加重要。

社会认同　按照“社会认同”的原理：我们进行是非判断的标准之一就是看别人是怎么想的、怎么做的，尤其当我们要决定什么是正确的行为时。

互惠原则　是指利益或特权的相互让与。在“互惠原则”下，人们一般都是共赢的，也要警惕“强加的恩惠”，进而触发“不对等交换”。

第 11 章　心理资本：你有几多能量

心理资本　是指个体在成长和发展过程中表现出来的一种积极心理状态。它包括希望、自信、韧性、乐观和幽默五大核心。

自信　心理学家班杜拉将“自信”称之为“自我效能”，是指人们对自己能够完成某一特定任务的可能性的估计。

韧性　不仅是复原力，还蕴含着“创新力”，从每一次失败中吸取经验，再从另一个角度尝试。

乐观 是一种非常重要的心理能量，它是一种解释风格——遇到失败时，乐观的人会认为失败是暂时的，每个失败都有外在的原因，不全是自己的错。

幽默 该词源自国学大师林语堂的创造。20世纪20年代，林语堂先生将英文“humour”一词采其音，翻译而成“幽默”——曲径通幽、隐隐而生的一种智慧。

第13章 “第二曲线”五部曲

职场“第二曲线” 是在你职业生涯的痛点或梦点那里开启的新历程。职场持续增长的秘诀：在“第一曲线”消失之前，开启创新的“第二曲线”。

第14章 “百岁人生”畅想曲

Z理论层次 这个层次的人更关注的是超越性需求和存在性需求，他们具有更广的统一意识，更多的高峰体验。其代表人物包括爱因斯坦、赫胥黎、马丁·布伯等。

终极问题 死亡、自由、孤独、无意义感，是存在主义哲学和心理学提出的四大人生命题，贯穿我们几十年的职业生涯，以及退休后几十年的生活。

红利二：经典心理学作品“图谱”

在本书案例后的点评中包含不少心理学知识，因为我始终坚信：心理学对于个人成长和职业发展是极其重要的助力。我在20多年的职业生涯中深度学习过萨提亚模式、欧文亚隆团体治疗、积极心理学和非暴力沟通，这些“心理营养”对我每一次的职业选择、每一次“由内而外”的成长裨益良多。

假如你对心理学感兴趣，可以从我推荐的这30本书中挑几本“解解渴”。以往我在讲课或演讲后，总有朋友希望推荐一些心理学方面的书，这次我就积极主动一些，把功课做在前面。以下书籍可以分为三大类。

第一类，经典的心理学著作，例如，《发展心理学》《心理学与生活》、萨提亚模式的《新家庭如何塑造人》《爱与自由》、人本主义的《人性能达到的境界》《非暴力沟通》、团体治疗的《直视骄阳》《团体心理治疗》、积极心理学的《幸福的方法》《持续的幸福》，等等。

第二类：心理学与社会学、管理学相结合的作品，例如，《影响力》《乌合之众》《思考：快与慢》《心理资本》《正念领导力》，等等。

第三类：畅销的大众心理学作品，例如，《少有人走的路》《恩宠与勇气》《你生命中的大事》《痊愈的本能》《象与骑象人》《意念力》，等等。

或者，你也可以从以下五类主题中挑选自己喜欢的某一类书籍进行阅读：个人成长、家庭和谐、生命如歌、人际影响和职场赋能。后续，我将推出系列音频节目，深入浅出地讲解这30本心理学经典——在“向上长叶”的同时，默默地“向下生根”。与朋友们一起品读人生、感悟风华，是一件很幸福的事。

书单

第一季：个人成长

心灵的宁静与丰盛

1.《少有人走的路》

听从“内心的声音”，找到真正的自我。

2.《你生命中的大事》

成为自己生命的导演，按照自己的方式成长。

3.《痊愈的本能》

七种简洁的自然疗法，助你摆脱焦虑和抑郁。

4.《拖延心理学》

看清自己为什么会拖延，才能真正解决拖延症。

5.《被讨厌的勇气》

拥有被讨厌的勇气，才会有真正幸福的可能。

6.《催眠之声伴随你》

一段段精彩的催眠故事，激发你的内在潜能。

7.《爱与自由》

心理学大师玛利亚，将爱融入跌宕起伏的百岁人生。

8.《意念力》

找到你的“意识能量层级”，释放你的潜在力量。

第二季：家庭和谐

爱、接纳与自由

1.《新家庭如何塑造人？》

探寻原生家庭的“冰山”，发现生命原动力。

2.《回家》

如何从一个个生命的痛苦故事中重生。

3.《父性》

父亲的缺失，将对孩子、家庭和社会带来什么。

4.《亲密关系》

如何通过亲密伴侣，认识自己、疗愈创伤。

5.《非暴力沟通》

在各种人际关系中如何温暖而坚定地沟通。

6.《懂得爱》

了解“关系发展”五阶段，滋养你的亲密关系。

第三季：生命如歌

洞察人性、感恩生命

1.《直视骄阳》

探寻生命，征服对死亡的恐惧。

2.《幸福的方法》

哈佛大学最受欢迎的幸福课。

3.《持续的幸福》

解密“幸福五元素”，品味丰盛的幸福。

4.《恩宠与勇气》

从一对夫妻抗癌的历程中，洞察人性的光芒。

5.《人性能达到的境界》

探索“自我实现”，达到“高峰体验”。

6.《发展心理学》

纵览生命历程的全貌，解读百岁人生的轨迹。

第四季：人际影响

界限与自由，独立性与影响力

1.《影响力》

拥有影响力“六大要素”，提高人际魅力。

2.《乌合之众》

集体心态和行为对社会有何巨大影响。

3.《幻想即现实》

这个世界的样子，与你心中的“剧本”有关。

4.《心理学与生活》

练就一双独特的慧眼，洞悉多彩的人生。

5.《社会心理学》

洞悉社会思维、社会影响与社会关系。

第五季：职场赋能

觉察自己、激励伙伴

1.《思考：快与慢》

人类的“无意识”与“有意识”在决策中的利弊。

2.《象与骑象人》

理智的“骑象人”如何驾驭非理智的“大象”。

3.《团体心理治疗》

洞察团体动力，获得“通透而稳定”的能量。

4.《心理资本》

练好四块“心理肌肉”，成为自己生命中的英雄。

5.《正念领导力》

领导者的心灵宝典，“内圣”方可“外王”。

了解更多“职场第二曲线”案例，请关注“心理资本汇”。

反侵权盗版声明